동학문명론의

오상준의 『초등교서』 다시읽기

주체적 근대성

동학 문명론의 주체적 근대성

오상준의 『초등교서』 다시읽기

오상준 지음 **정혜정** 역해

도서출판 모시는사람들

| 일러두기 |

초등교서는 용어가 생소하여 현대인이 읽기에는 어려움이 많다. 이에 원문을 전부 한글로 번역하면서 필요에 따라 한자 표기를 병행하였고, 다음과 같은 몇 가지 규칙을 역자 임의로 정했다.

1. 모든 문장은 한글로 번역 표기하되 필요에 따라 괄호에 원문 한자를 표기했다. 그리고 한자어에 익숙하지 않은 독자들을 위하여 용어풀이를 삽입하였다.

2. 천(天)에 대한 경어체는 그대로 살리되 문맥에 크게 벗어나지 않을 경우 평어체로 바꾸었다. 단, 경어체가 외재적 초월성을 내재화하는 의미로서 인간 근원에 대한 경외심(敬畏心)을 표현하는 경우에는 경어체를 그대로 살렸다.

3. 원문에서 '天'과 한글표기인 '하늘'이 동일한 의미로서 양자가 병용되고 있지만 현대문으로 옮길 때는 이 모두를 '하늘'로 통일하여 표기하였다. 그리고 원문에서 '天'을 썼을 경우는 괄호 안에 '天' 자를 넣었다. 하늘은 개화기 당시 하날로도 표기되었지만 한글 고어와 마찬가지로 현대문에서는 쓰지 않기에 하늘로 통일하였다. 여기서 고어 하늘은 우리 정신을 담지하는 용어로 지칭된다.

4. 본문 가운데 반복적으로 사용되는 오교(吾教)는 '우리 교'로 옮겼다. 여기서 교는 우리 정신과 가르침을 의미한다.

5. 현대인이 이해하기 어려운 용어는 각주를 달아 부연 설명을 했다. 모든 각주는 원문에는 없는 것이다.

6. 원문의 각 항목에는 숫자 번호가 없지만 현대문으로 옮길 때는 1장에서 28장까지 번호를 매겨 항목을 장으로 구분했다.

7. 28개의 각 장 말미에 역자의 요해(要解)를 덧붙여 내용 파악을 돕고자 하였다.

동학은 우리 정신과 역사의 이상을 담고 있는 우리 학문이다. 동학농민혁명 이후 의암 손병희는 우리 학문(東學)인 천도(天道)를 기반으로 하여 국가 개벽의 개화 운동을 펼쳐 나갔다. 그는 1900년대 초부터 민회를 조직하여 정부 혁신과 새로운 국가 체제 건설을 준비해 나갔고, 신문과 잡지의 언론운동, 그리고 학교 자원과 경영의 교육운동을 통해 새로운 문명을 창조할 우리 정신을 재건하고자 하였다.

오늘날 우리는 동학과 천도교를 분리해서 천도교를 배제하는 경향이 있는데, 양자는 결코 분리해서 보면 안될 것이다. 만약 양자를 분리하여 별개의 것으로 이해한다면 사상적으로나 역사적으로 한국사의 맥을 찾기 어려울 것이고, 역사 발전을 계승해 나가는 데도 걸림돌이 된다.

동학이 천도교로 전환한 데에는 여러 가지 이유가 있지만 그중에서도 가장 큰 요인은 시대 상황이다. 계속된 탄압으로 동학의 이름을 내걸 수가 없었고, 동학 조직을 일진회로부터 분리시키기 위해 다른 이름이 필요했으며, 종교의 자유라는 시대 사조에 편승하기 위하여 1905년 천도교(天道教)로 개칭한 것이다. 동학(東學)이 우리 학문이라는 보통명사로서의 의미를 표현하는 것이라면, 천도(天道)는 우리 정신의 내용을 구체적으로 지칭한 것이다.

개화기의 동학운동은 1904년 진보회의 갑진개화운동 전개 이후 헌정연구회(1905), 대한자강회(1906), 대한협회(1907) 등에 직・간접 참여하는 것으로 이어졌고, 이 모두는 국권 회복의 신 국가 수립 운동과 맥을 같이 한다. 이 모든 조직에 동학 천도교의 사상과 조직 및 재정적 지원이 결합되었고, 한일 강제병합 직전부터 다시 10년을 준비하여 1919년 3・1운동으로 대한민국 임시정부를 탄생시켰다. 대한민국의 탄생은 동학의 개화기 국가 수립 운동에서부터 시작된 애국자강운동의 산물이다.

한국 근대사에서 동학 천도교 운동은 역사의 중심이자 민족의 호흡이며 우리 정신을 대표하는 국학운동이다. 동학에서 천도교로 이어지는 사상과 운동은 한국 역사 발전의 일관된 축이었고, 남북이 공유할 수 있는 토대가 되며, 앞으로 우리가 딛고 설 수 있는 미래 문명의 자산이 될 수 있다.

그러나 지금까지 개화기의 역사 이해는 개화파, 위정척사파, 동학으로 분류되면서 개화운동을 개화파의 전유물로 인식하는 경향이 컸다. 또한 그 개화파의 중심사상을 서구 사회진화론에 입각한 서구 근대의 수용으로 규정하여 평가를 내려 왔다. 즉 개화기의 애국계몽운동을 서구 사회진화론의 실력양성론으로만 규정하는 것이다. 이는 타당성과 균형을 잃은 역사 이해이다.

개화기 애국계몽운동은 '동학-천도교'를 배제하고서는 그 역사적 맥락을 제대로 이해할 수 없다. 다시 말해 '동학-천도교'를 주목하지 않으면 한국 근대사의 맥을 올바르게 짚을 수가 없고, 우리가 지향했던 문명의 이상도 파악될 수 없다. 현재 우리의 개화기 인식의 맹점은 당시의 개화운동을 사회진화론만으로 규정하려는 태도와, 동학-천도교의 개화운동을 역사적으로 정당하게 평가하지 못한 데서 비롯한다.

1900년대, 동학-천도교에 기반한 개화운동은 민권신장과 신국가 수립이 핵심이었다. 의암 손병희는 동학혁명 이후 보국안민의 방도를 개화운동으로 전환하면서 민중 중심 국가 건설을 목표로 하였고, 독립협회의 개화파 인물들, 즉 양한묵, 이종일, 장효근 등과 같이 실학의 계승으로서 동학을 바라보았던 인물들을 포용하여 민권운동을 펼쳐나갔다. 그리고 오세창, 권동진, 오상준 등과 함께 천도교 문명운동을 전개해 나갔다.

오세창은 우리나라 최초의 주간신문인 『한성주보』 기자로 활동했고, 우정국 통신국장을 지냈으며, 천도교 입문 이후 『만세보(萬歲報)』 사장을 맡아 동학-천도교의 개화운동에 주력했던 인물이다. 또한 오상준 역시 개화와 민권계몽에 주력했던 사람으로서 이 책의 역서 원전인 『초등교서(初等教書)』의 저자이기도 하다. 이들 개화파들은 1900년 전반에 동학에 입도했고, 1900년 후반부터는 본격적으로 동학을 민중국가 수립운동의 사상적 기초로 삼아 종교문명과 국가문명을 아우르는 천인(天人)의 문명을 지향했다.

오상준(吳尙俊, 1882-1947)은 호가 추암(秋菴)이고, 아호는 옥천(玉泉), 옥천자(玉泉子)이다. 그는 동학사상을 바탕으로 주체적 문명개화운동을 이론적으로 주도했던 인물이다. 1882년(임오) 11월 30일 평남 평원군(숙천군)에서 출생하였고, 1900년 법관양성소를 수료하였으며 서북학회에서 활동하였다. 1902년 동학에 입도하였고, 입도 후 의암 손병희가 이끄는 1차 유학생(1902년)에 선발되어 일본 나라현에 유학했다가 6월에는 교토로 옮겨 관립중학교에 입학하였다.* 1909년 총리대신 이완용 암살사건에 연루되어 왜경에 체포되었다가 한일 강제 병합 때에는 예비검속을 당했고, 1910년 8월 15일 『천도교회월보』 창간에 참가했으며 편집위원을 지내면서 많은 교리 논설을 발표했다. 그는 대표적인 천도교 이론가 중의 한 사람으로서 1907년 『초등교서(初等教書)』를 저술 간행했고, 천도교회월보에 「본교역사」와 소설 「화악산」을 연재하기도 하였다. 또한 1923년 7월 조선노동자대회에서 집행위원으로 선출되었고, 보성전문학교의 재단법인 이사로 활동하였으며, 1929년에는 신간회경성지회 대표회원으로 선출되었다.

오상준이 펼친 개화운동은 종교문명과 정치문명의 진보를 통한 도덕문명을 지향하는 것이다. 그리고 이는 천인(天人)과 삼단[三團: 吾人, 吾教, 吾國] 일치의 정신을 기초로 공화와 자치, 사회의 영성화를 표방

---

* 러일전쟁 시기 의암은 거처를 도쿄로 옮기고 다시 2차 유학생 40명을 모집하여 유학시켰는데, 2차 유학생에는 대표적인 인물로 이광수와 정광조 등이 포함되었다(천도교사편찬위원회 편, 『天道教百年略史』, 미래문화사, 1981, 332쪽).

하였다. 여기서 오교(吾教)란 우리 정신이자 우리 가르침으로서의 천도를 뜻하고, 이는 곧 오상준뿐만 아니라 당시 천도교가 사용했던 '교(教)', 즉 종교의 개념이기도 하다. 당시 천도교에서 썼던 교(教)는 종교와 교육을 포괄하는 넓은 의미로 사용되었고, 종교라는 말 역시 서구 개념을 그대로 사용한 것이 아니다.

서구 종교(religion)의 개념은 성속(聖俗)을 분리하고, 정치와 분리되며, 특정 존재를 대상화하여 신의 대리자로 매개를 삼는 구원의 개념이 강하다. 그러나 오상준이 말하는 교는 배움과 가르침의 교(教), 또는 최고(宗)의 가르침(教)으로서의 종교(宗教)를 뜻하고, 종교란 각 나라를 떠받치는 정신적 힘이자 고유사상을 지칭한다. 이는 자기 나라와 사회, 나아가 세상을 좀 더 나은 곳으로 만들어 가는 주교(主教), 혹은 국교(國教)로 명명되기도 하였다. 오상준이 오교(吾教)라는 말을 주로 쓴 것도 이러한 맥락에서이다. 그가 말하는 오교(吾教)란 천도교라는 특정 종단에 국한시켜 자기 조직을 범주화하는 맥락이 아니다. 그것은 우리 고유의 정신을 살려 나가고 이로부터 자주독립의 애국정신을 인도하며, 우리가 지향해야 할 궁극적 문명을 이 세계에 형성하고자 하는 것이다. 그러므로 오교의 확장은 곧 독립 준비의 일환이자 애국자 양성이고, 동시에 종교, 철학, 과학을 비롯한 인문개벽이자 국가문명의 진보를 꾀함이다.

요컨대 오교(吾教)는 우리가 인간으로서 살아가고 보국안민(輔國安民)하여 인간과 세상의 인문개벽을 이루기 위해 가르치고 배워야 할 우리의 정신을 의미한다. 그것은 완성된 실체가 아니라 우리 것을 기초로 새로운 문명을 받아들여 무한히 넓고, 깊게, 그리고 멀리 내다보면서 이루어가야 할 무궁한 '하늘문명'이었다. 이러한 의미에서 당시 천도교는 우리의 정신적 지평을 무한대로 끌어올리고 보국안민할 우리 정신의 대표임을 자처한 것이며, 세계가 하나 되어 공존공영을 이루어 갈 가르침이었다.

오교가 우리 정신을 지칭한다면 오국(吾國), 즉 우리 나라는 우리 몸을 지칭하는 것이다. 우리 몸이 없으면 우리 정신을 담을 수도 없다. 국가 존망의 위기에서 국권 회복과 새로운 국가 수립은 당시의 시대적 과제였다. 개화기에 논의된 국가체제론은 전제정치, 입헌정치, 공화정치 등 다양했다. 그러나 당시 신국가 수립 운동은 단순히 서구 국가체제를 수용한 것은 아니며, 루소 류의 사회계약론에 영향 받기 보다는 오히려 J. C. 블룬칠리(1808-1881)의 국가유기체론이 신국가 수립 운동에 결정적인 영향을 미쳤다. 여기서 블룬칠리의 국가유기체론과 동학이 만나 민중국가를 지향한 한국적 민주공화주의가 탄생했다는 점을 주목할 필요가 있다. 정치체제로서의 민주주의는 인민주권을 실현하는 선거와 대의제, 즉 절차주의적인 고려가 중시되는 반면 공화주의는 다양한 정치 세력들 간의 소통과 합의 그리고 공론 등을 반영할 수 있는 합의체가 중시된다. 당시 천도교의 공화는 천인의 공화로서 동심동덕, 동력의 대동단결과 인화(人和)를 의미했다. 이러한 공화의 개념은 앞으로 남북의 통일 국가체제 수립의 전개 과정과도 연계시켜 검토할 필요가 있다.

오상준의 『초등교서』는 1907년 보문관에서 발간된 신국가 수립기 애국자강운동의 '동학 문명서'라 할 수 있다. 즉 이는 동학사상을 기반으로 하여 서구 국가유기체설을 우리가 어떻게 수용하고 우리의 정신문명을 어떻게 살려 나가고자 했는지를 잘 보여주는 그의 대표적인 저술이다. 이 책이 출간되던 당시의 시대 상황은 1905년 을사조약이 체결되고, 러일전쟁이 일본의 승리로 돌아가면서 일제가 더욱 침략을 노골화하여 국망 위기가 현실화되는 때이다. 초등교서는 천도교라는 특정 종교에 편향하여 교의의 내용을 기술한 것이 결코 아니다. 동학(東學)이라는 말 자체가 우리 학문을 지칭하는 보통명사였듯이 오상준이 이해한 천도교 역시 동교(東教)로서 우리 교[吾教], 우리 정신을 지칭한 것이었다.

오상준의 『초등교서』는 천도교인뿐만 아니라 당시 청년 및 지식인들에게 많이 읽혔던 문명 계몽서였음을 짐작할 수 있다. 개화기 대표적인 계몽서로는 『국민수지』, 『유년필독』과 더불어 『초등교서』를 꼽을 수 있는데, 초등교서의 내용은 당시 『대한자강회월보』에도 인용된바 있고, 1915년 와세다대학교 재학 중이던 장덕수(1894-1947) 또한 오상준의 글과 유사한 내용으로 연설하고 있어 초등교서의 내용이 당시 청년층의 애국심을 고취시키는 기제로서 널리 회자되었다고 할 수 있다.

『초등교서』는 결론을 포함해 총 28장의 항목으로 편성되어 있다. 여기서 천도교라는 말은 이 중 한 개 항목에서만 언급될 뿐이다. 핵심은 우리 정신[吾教], 우리나라[吾國], 그리고 우리[吾人]의 관계와 직분 및 자격을 논하면서 이를 각각 천단(天團)·지단(地團)·인단(人團)으로 놓아 삼단(三團) 일체의 정신문명과 국가를 논한 것이다. 이는 당시 서구 근대 국가 사상을 수용하여 자연권을 동학의 정신으로 변용시켜 나간 일종의 유기체적 국가론이라 할 수 있다.

> 개인은 곧 '우리 한 사람'이니 우리 겨레 2천만인의 자기(自己)가 모두 '우리 한 사람'이다. '우리 한 사람'의 범위 안에는 우리 사람이 있고, 우리 교가 있으며 우리나라가 있다. 우리 교는 천단(天團)이요, 우리나라는 지단(地團)이요, 우리 사람은 인단(人團)이다. 이 삼단(三團) 가운데 어느 하나라도 없으면 우리의 생활이 없고, 운명도 없는 것이기에 …
> (본문 중에서)

오상준이 지향했던 유기체적 공화주의(共和主義) 국가란 천인(天人) 정신에 입각한 국민의 합의체로서 공도공행의 발현에서 실현된다. 그의 국가론은 개화기 대다수 지식인이 그러했던 것처럼 블룬칠리의 국가유기체론에 힘입은 바 크다. 그러나 그의 관점은 블룬칠리와는 판이하게 국민과 국가, 국토의 관계를 천도의 입장에서 재구성하고 인권을 천권으로 끌어올렸다는 점을 주목해야 한다. 다시 말해 오상준의 국가론은 국가의 3요소(토지, 인민, 주권)에서 토지를 강조한 것과 인민의 인권을 천인(天人)의 천권이자 인권으로 놓은 것, 그리고 주권

회복을 목적한 애국론과 공화(共和)의 동학적 해석에서 그 특징을 찾을 수 있다. 그는 다수가 통치하는 demo-cracy의 민주주의 국체와 전체 국민의 합의체적 정체로서 공화주의가 실현 가능하기 위한 조건을 천인(天人)의 정신에서 찾았던 것이다. 오상준은『초등교서』이 한 권의 책을 통해 우리가 이루어야 할 국가 모델과 새로운 문명론을 모색하면서 우리 국민에게 정신적 힘을 불어넣고자 하였다.

『초등교서』는 용어가 생소하여 이해하기 어려운 측면이 많다. 그러나 그 내용을 조금이라도 맛보고 나면 개화기 동학운동이 추구했던 신 국가의 성격을 파악할 수 있고, 천인 주체의 문명을 지향했다는 점에서 경이감마저 갖게 된다. 개화기 동학의 마음문명론은 곧 천인(天人)의 마음을 통한 사회의 영성화를 지향한 것이었다.

저자 오상준은 백여 년 전의 이 책이 21세기 오늘에도 큰 울림으로 다시 살아나기를 바랄 것이다. 이 책이 멋진 모습으로 다시 세상에 나올 수 있도록 힘써 주신 도서출판 모시는사람들 박길수 대표님께 감사드린다.

2019년 10월

정혜정

차례

동학문명론의 주체적 근대성

제1장

천덕(天德)

무릇 사람의 성령과 관계되는 명예와 육신과 관계되는 이익 모두는 '천덕(天德)'으로 말미암아 얻는 것이다. 하늘이 사람에 대하여 간섭하지 않는 것이 어디에 있을 것인가.

하늘[1]이 사람을 명하여 지상에 보내실 때에 다행히 금수 사회로 돌아가지 않게 하였다.

(증거) 사람도 생생(生生)[2]의 존재[物]요, 금수도 생생의 존재[物]이다. 사람이나 금수나 모두 생생의 이치로 되기는 일반이지만, 사람이 다행히 금수되는 포태로 말미암아서 세상에 나오지 않음은 하늘의 명(命)과 뜻[意]이 그 가운데 있기 때문이다.[3]

또한 겸하여 사람 노릇할 무형과 유형의 재료를 구비해 주셨으니, 무형한 재료는 성령이요 유형한 재료는 육신이다. 성령은 지혜의 근

1 하늘이란 모든 만물에 내재하고 만물을 주재하는 비고 신령함이다. 해월은 우주대생명체라 하였는데, 이는 곧 우주의 실재를 가리킨다.

2 생생(生生)이란 생생불식(生生不息)의 의미로서 끊임없이 생명을 생성 변화시키는 본체의 작용을 지칭한다.

3 여기서 하늘은 서구 종교의 신(神)개념과 맞닿아 있는 인격적 신이라기보다 모든 우주 만물 전체에 살아서 활동하고 주재하며 운화(運化)하는 지기(至氣)의 하늘님이다.

본이요, 육신은 지혜를 발표하는 제반 도구[諸具]이다. 이 지혜를 드러내는 효력으로 말미암아 사람의 가치와 자격이 만물의 으뜸 되는 위치를 점유하게 된다.

그러나 성령이 밝지 못하면 지혜가 생기지 못하고, 지혜가 없으면 육신에 발표되는 효력도 없다. 그러므로 첫째는 성령 수련하는 법을 주셨으니, 그 방법은 세상과 관계되는 욕심을 금하는 것이다. 둘째는 지혜를 밝히는 법을 주셨으니, 무형한 이치와 유형한 물질[物品]에 대하여 능히 연구하는 생각을 주심이 그 방법이다. 셋째는 몸을 보호하는 법을 주셨으니, 의복과 음식과 거처 및 동작이 편리하도록 자료품(資料品)을 준비하는 것이 그 방법이다. 그러나 지혜가 비록 밝더라도 육신이 강건치 못하면 사상이 능히 연구하는 힘을 얻지 못할 뿐 아니라, 설사 연구하는 힘이 있더라도 능히 일에 대하여 그 연구한 힘을 발휘하기 어렵다.

(증거) 의복의 원료 되는 면과 비단과 모(毛), 그리고 음식의 원료 되는 물과 곡식, 가옥의 원료 되는 나무와 돌, 흙과 쇠, 이 모두가 하늘이 주신 바다. 또한 하늘이 주신 것에 근본하여 이를 자양(資養)과 위생에 적당하도록 만드는 사람의 지각과 능력 역시 모두가 하늘이 주신 바다.

그러나 사람의 의복과 음식과 거처 및 동작이 편리하더라도 사람의 호흡이 잠시라도 하늘에 통하지 못하면 생명을 보전하기 어려울 것이다.[4] 그러므로 하늘은 사람에게 적당한 공기를 다량 준비하여 양에 차도록 마시게 하고, 또한 공기로 하여금 사람의 짧던 몸을 길게 하며, 약한 기운을 강하게 한다. 사람이 행동할 때를 따라서는 전후좌우로 부축하여 쓰러지거나 넘어지지 않도록 하시니, 하늘이 사람에 대하여 간섭하지 않는 것이[5] 어디에 있을 것인가.

무릇 사람의 성령과 관계되는 명예와 육신과 관계되는 이익 모두는 '천덕(天德)'으로 말미암아 얻는 것이다.

〈요해〉

'천덕(天德)'은 '천도(天道)'가 작용으로 드러난 것이다. 천도와 천덕은 체용의 관계라 할 것이다. 덕에는 도가 이미 전제되어 있고, 덕은 도를 포함하는 총칭이기에 도체덕용(道體德用)이라고도 한다. 즉 도와 덕은 본체와 작용의 개념이다. 천덕은 천지만물로 나타나며 천지

---

4 이 문장은 해월의 법설과 연관된다. 해월은 "사람의 호흡과 동정(動靜), 굴신(屈伸)과 의식(衣食) 모두가 하늘 조화의 공(工)으로서 하늘과 사람은 서로 하나 되는 기틀이기에 서로 분리될 수 없는 것"이라 말했다(『해월신사법설』「천지부모」, "人之呼吸動靜屈伸衣食 皆天主造化之工 天人相與之機 須臾不可離也").

5 수운은 21자 주문을 해설하면서 지기(至氣)의 기(氣)를 혼원한 일기(一氣)라 했고, 모든 것에 '간섭하지 않음이 없으며 명령하지 않음이 없는(無事不涉 無事不命)' 것이라 하였다(『동경대전』「논학문」). 지기는 하늘과 병칭되는 개념이다.

만물은 사람으로 발전하고 사람은 우주자연과 함께 무궁하게 변화해 간다. 천지만물의 모든 생명은 천덕으로부터 말미암는 변화생성의 존재이고, 그 운동으로 말미암아 식물과 금수 및 백천 만물이 화해 나서 사람에 이르렀다. 이는 사람이 천지만물과 하나이며 우주자연의 변화 과정에서 전 우주를 대표하는 존재로 발생되었다는 뜻이다.

의암 손병희도 『무체법경』 「성심변」에서 "운동의 처음 시작점은 '나'이니 나의 시작점은 성천(性天)에서 기인하는 바요, 성천의 근본은 천지가 아직 갈라지기 전에 시작하여 억억만년이 나로부터 시작되었으며 나로부터 천지가 없어지기까지 억억만년이 또한 나에 이르러 끝나는 것"이라 하였다. 이는 오늘날 우주의 역사가 곧 '나'의 역사라는 칼 세이건의 말과 상통한다고 볼 수 있다.

하늘과 사람은 분리될 수 없다. 사람의 호흡과 동작하는 모든 것이 하늘의 조화요 작용이기에 하늘과 사람은 하나의 기틀이다. 사람이 지각하고 생각하는 능력도 하늘에 근원하고, 하늘은 사람을 통하여 천덕을 이루는 것이다. 사람의 가치와 사람됨의 자격은 지혜를 발휘함에 있고, 지혜의 근본은 성령이요 지혜를 드러내는 것은 육신이다. 그러므로 성령과 몸은 하늘이 인간에게 부여한 것으로서 성령과 몸 역시 분리될 수 없는 것이다.

조선사회에서 금수(禽獸)는 본성적으로 인식 능력이 결여된 존재를 상징한다. 사람이 금수와 다른 것은 천덕으로 사람에 이르러 온전한 성령과 지혜를 품부 받았기 때문이고, 인간이 인간일 수 있는 것은 성령과 지혜에 있으며, 하늘이 사람을 간섭하지 않음이 없기에 사람은 성령과 지혜를 발휘할 수 있다.

1장에서는 하늘과 사람이 분리될 수 없음과 인간 삶의 가치가 천덕으로 말미암는 성령과 지혜에 있음을 선언하면서, 성령 수련과 몸의 보호, 진리와 만물에 대한 탐구로 지혜를 밝혀 나갈 것을 강조한다.

제2장

스승의 은혜[師恩]

하놀은 사람의 모범이다. 사람이 하놀로써 모범을 삼으면 하놀 다음 자리에 거했던 성인(聖人)이 곧 자신임을 스스로 기약할 것이다.

스승은 하늘과 세상의 두 사이에 거하여 '천리(天理)'[1]로써 세상을 개량(改良)하고, 세상으로 하여금 천리를 따르게 하는 상하(上下) 주선(周旋)의 책임을 담당한 이름이다. 그 책임이 중대하기에 세상에 베푸는 은혜 또한 지극히 중대하다.

우리 교(敎)의 스승[2]이 천도(天道)를 새로 발명(發明)[3]하여 사람의 새 정신을 깨우고 세상의 새 면목을 이루시니, 그 광채는 일월(日月)과 같고 그 범위(範圍)는 천지와 짝하였다. 그 범위 속에 있는 인류[人族]와

---

1 '천리(天理)'란 구체적으로 '무왕불복의 이치(無往不復之理)'를 말한다. 수운은 자신에게 '하늘의 영(天靈)'이 강림한 것은 무왕불복의 이치를 받았기 때문이라 했고, 이는 곧 천도(天道)이자 무위이화(無爲而化)의 도(道)라 하였다(『동경대전』, 「논학문」). 무왕불복은 공적(空寂)의 무형과 원충(圓充)의 유형이 순환하면서 전체 하늘을 조화시키는 우주적 이치라 할 것이다.

2 여기서 스승은 구체적으로 밝히지는 않았지만 수운 최제우를 가리킨다고 볼 수 있다. 그러나 천도를 밝히는 사람이라면 누구나 스승이 되는 것으로서 특정한 사람으로 스승이 정해져 있는 것은 아니다. 오상준은 스승은 단지 이름일 뿐이라고 말하였다.

3 천도를 발명하였다 함은 한국 고대 천신(天神)신앙의 전통에서부터 내려왔던 天사상을 '우리의 道'로서 역사의 전면에 부각시키고 이를 천도로서 새롭게 제시한 것을 말한다.

조수(鳥獸)와 곤충과 산천초목과 금석(金石) 모두가 다 그 광채를 우러름이라.

(증거) (1) 사람이 항상 방향을 알지 못하여 금수 사회로 교통(交通)하는 까닭에 스승이 천도로써 그 교통하는 길을 막으셨다.

(2) 사람이 '물과 불[水火]'의 세력을 이기지 못하여 항상 곤란이 심한 까닭에 스승이 천도(天道)로써 물과 불의 세력을 쳐 물리치셨다.[4]

(3) 오늘은 어제보다 새 정신이요 금년은 작년보다 새 정신이건만 사람은 항상 태고(太古) 천황씨(天皇氏)를 친하고자 하기에[5] 스승이 천도로써 앞으로 다가올 오만년 새 정신을 주셨다.

(4) 사람이 하늘을 배반하면 사람이 멸망하기 쉬우므로 스승이 천도로써 사람의 신앙심을 주셨다.

(5) 사람의 연구하는 마음이 없으면 사람이 항상 유치한 까닭에 스승이 천도로써 사람의 연구하는 법을 주셨다.

---

4 조선시대에 유행했던 천견론(天譴論: 천재지변이란 통치자의 잘못으로 일어난다는 속설)을 통해서 본다면 물과 불의 세력은 천재지변(天災地變)을 뜻한다고 볼 수 있고, 이를 물리쳤다는 것은 천재지변을 피했다는 뜻이 된다. 즉 물(水)과 불(火)은 우주 생명의 구성요소인 음과 양을 상징한다고 볼 때, 물과 불의 세력을 물리쳤다는 것은 음과 양의 편향적 불균형으로부터 조화와 통합을 이뤄낸 것이라 할 수 있다. 그러나 본문에서 뜻하는 맥락은 음양의 조화라기보다는 하늘과 합한 천도로써 물리쳤다는 뜻이 된다.

5 태고 천황씨는 중국 고대의 전설적 인물이다. "천황씨를 친하고자 한다"는 것은 과거로 돌아가고자 하는 퇴행적 복고주의를 의미한다.

(6) 사람이 규칙을 확실히 지키지 못하면 사람이 항상 문란하여 면목을 이루지 못하기에 스승이 천도로써 사람의 규칙을 정하셨다.

(7) 사람이 천수를 누리지 못하면 인사에 큰 결점이 되기에 스승이 천도로써 사람의 천수 누리는 방법을 가르치셨다.

(8) 사람이 세복(世福)[6]을 얻지 못하면 사람의 희망에 결과가 없기에 스승이 천도로써 사람의 세복되는 근원을 발명(發明)하셨다.

슬프다. 이전의 성인(聖人)은 항상 천도를 일부분만 말할 뿐 아니라 자기가 하늘과 사람을 간접으로 이어 하늘의 명령은 자기에게 내리고, 자기는 하늘의 명령을 받아 사람에게 베푸는 양태를 취했다. 즉 자기가 인류의 큰 모범이 되기에 일반 사람은 항상 성인의 다음 자리에 지나지 못하였다.

그러나 우리 스승은 이전의 성인보다 한층 깊은 사상으로 인류를 인도하여 사람 각자가 하늘과 직접 접하도록 하시니, 무릇 직접 접한 후에는 '하늘의 빛[天光]'을 봄에 사람의 안력(眼力)대로 보지 못할 곳이 없고, 천리를 연구함에 사람의 역량대로 연구하지 못할 이치가 없다. 그런즉 하늘은 사람의 모범이다. 사람이 하늘로써 모범을 삼으면 하늘 다음 자리에 거했던 성인(聖人)이 곧 자신임을 스스로 기약할 것

6 세복(世福)이란 세상의 행복으로서, 행복되는 근원은 사람이 천도와 합함에 있음을 말한다.

이다.

그러나 하늘과 직접 하나 되는 길은 좁고 높아 극히 조심하는 곳이요, 금수사회로 가는 길은 넓고 넓어 항상 방심하기 쉽다. 우리 스승이 그 길 두 사이에 계시다가 사람을 인도하여 하늘의 길로 가기를 권하고, 가다가 중도에 그치지 말기를 혈심(血心)으로 권하시니 그 은혜를 사람들이 어찌 알겠는가.

하늘 길로 올라가 극락을 누리는 것과, 금수사회에 들어가 사람의 성질이 없어지고, 사람의 행실이 없어지며, 사람의 이름이 없어져 사람의 구설(口舌)에 죽고, 사람의 필단(筆端)에 죽으며, 사람의 형벌에 죽는 그 극한 고생과 비교한 연후에야 비로소 우리 스승의 은혜가 하늘 같은 줄을 알 것이다.

〈요해〉

스승이란 하늘과 세상 사이에 존재하여 천리로써 세상을 보다 살기 좋고 행복한 곳으로 만들고, 사람 각자가 하늘에 직접 접하도록 하여 세상 사람들로 하여금 천리를 따르게 하는 이름이다. 하늘은 사람의 모범이요, 사람이 하늘을 모범으로 삼으면 자신은 곧 성인이 된다.

과거의 스승은 천도의 일부만을 말했으나 오늘의 스승은 이전에 이미 있었던 우리 정신인 천도를 온전히 다시 살려 사람의 새 정신을 깨우고 세상의 새로운 면목을 이루게 하는 이를 일컫는다. 스승은 특정한 사람으로 이미 정해져 있는 것이 아니라 천도를 밝히면 누구나 스승이라 할 수 있는 이름일 뿐이다. 또한 과거의 스승은 하늘과 사람을 이어주는 대리인으로서 그를 통해서만 성인에 이를 수 있었지만, 우리 교의 스승은 오늘에 새로운 스승으로서 모든 사람이 자기 스스로 직접 하늘과 접하여 '하늘의 빛[天光]'을 보게 하였음에 차이가 있다.

오늘에 스승이 있는 까닭은 하늘과 직접 하나 되는 길은 좁고 높으나 금수사회로 가는 길은 넓어 우리 스승이 그 두길 사이에 있다가 사람을 하늘의 길로 인도하기 위해서이다. 그러므로 스승의 은혜가 크다고 말하는 것이다.

제3장

우리 하늘[吾天]

나로써 우리를 확장하고 우리로써 하늘과 하나 되어 하늘로써 세계를 배부르게 함이 나의 목적이니, 목적은 방침의 결과이다. 결과의 큼이 또한 하늘과 같아 세계로 하여금 오만 년을 먹어도 오히려 결실[果]의 남음이 있다

무릇 하늘에 사람 하늘과 금수 하늘의 분별이 있고, 사람 하늘 중에 우리 하늘과 남의 하늘의 분별이 있으며, 우리 하늘 중에 내 하늘과 저 하늘의 분별이 있다. 내 하늘은 나 한 개인 되는 하늘이요, 저 하늘은 나 한 개인의 근원이 되며 겸하여 이는 나 한 개인의 시종을 간섭하는 하늘이다.

우리 하늘은 우리 천도교의 전체 하늘이요, 내 하늘은 천도교 중 나 한 개인의 하늘이니, 나 한 개인으로 보면 내 하늘이 정신하늘이요, 천도교 하늘이 범위 하늘이 된다. 또한 천도교로 보면 천도교의 이치하늘이 정신하늘이요, 내 한 개인 하늘이 범위 하늘이 된다.

큰 범위로 말하면 우리 하늘은 시작도 없고 끝도 없으며 중앙도 없는 것이요, 하늘은 우리 '대부분 하늘' 속의 한 '소부분 하늘'이다. 대부분 하늘의 영향으로 소부분 하늘의 정신됨이 분명하나, 정신의 요긴한 곳으로 말하면 내 하늘의 정신으로 우리 하늘의 실리와 형식과 범위가 세계에 발명되고, 준적(準的)이 되며 확장되어 가는 표적(表迹)으로 나타난다. 그러므로 나 한 개인의 정신 하늘이 천도교 대 범위 하늘의 요점이 된다.

나의 범위는 우리요, 우리의 범위는 하늘이다. 하늘은 세계를 포함한 것이기에, 하늘로써 우리 범위를 표준하고, 도(道)로써 우리 범위 속에 있는 만민을 교화하면 만민이 모두 나의 범위 하늘을 따를 것이니, 따른 후를 추상(推想)하면 세계 만민이 각각 모두가 나라고 하는 한 개인의 표준이 있을지언정 우리라 하는 분별적 명사는 없을 것이다. 우리는 저[彼]를 상대하여 분리시키는 이름이니, 세계 만민이 모두 우리 범위 가운데의 사람이 되면 누구를 상대하여 '저들'과 '우리'를 구분 짓겠는가.[1]

그러므로 나로써 우리를 확장하고 우리로써 하늘과 하나 되어[2] 하늘로써 세계를 배부르게 함이 나의 목적이니, 목적은 방침의 결과이다. 결과의 큼이 또한 하늘과 같아 세계로 하여금 오만년을 먹어도 오히려 결실[果]의 남음이 있다.

(증거) (1) 하늘(天)이 사람에 대하여 가장 기뻐하는 것은 자기의 마음과 같이 사람의 마음이 있고, 자기의 말과 같이 사람의 말이 발하며,

1 모든 만물에 하늘님이 모셔져 있지만 사람과 동물 등 만물에 따라 다양함이 있고, 사람 하늘 가운데도 우리 하늘과 타자의 하늘이 있다. 또한 우리 하늘에도 나 개인의 하늘과 나 개인된 하늘을 간섭하는 근원적인 하늘이 있다. 그러나 나의 범위는 우리요 우리의 범위는 하늘이기에 하늘로써 우리의 범위를 표준하고, 내 개인의 하늘이 근원적인 하늘과 하나 되면 저와 우리의 구분도 없는 것임을 말한다.

2 원문은 '하늘을 점령하면'으로 되어 있으나 '하늘과 하나 되어'로 번역하였다.

자기의 일과 같이 사람의 일이 행하여져, 사람의 일동일정(一動一靜)을 자기와 같이 하는 데 있다. 내가 반드시 천심(天心)으로써 인심(人心)을 바꾸고, 천언(天言)으로써 인언(人言)을 바꾸며, 천사(天事)로써 인사(人事)를 바꾸어 나와 하늘(天)이 한 터럭[一毫]의 사이와 반분(半分)이라도 다름이 없으면 내가 곧 하늘(天)이요 하늘(天)이 곧 나이다. 이 경우에 있어 나의 영향으로 우리가 점점 확장될 것이요, 우리의 영향하에 있는 범위 또한 장대(張大)하리니, 그 장대한 범위는 능히 하늘을 삼킨다.

(2) 무릇 나는 인간세계[人界]에 태어난 자로, 공공(公共)의 대욕(大慾)이 없지 않거니와 하늘(天)은 지극히 인자하신 자여서 내가 자기 마음에 합당함을 더욱 기뻐하고 또 자기의 능력으로써 나의 대욕[3]에 맞서지 아니한다. 뿐만 아니라 도리어 나에게 양도하시는 마음이 있으리니 나에게 양도한 후에는 나는 나의 범위 되는 우리로써 세계를 포함한 하늘(天)의 범위로 교환될 것이다.

〈요해〉

하늘은 모든 만물에 모셔져 있지만 사람과 만물에 따라 하늘은 다

3 여기서 대욕(大慾)은 '공공(公共)의 대욕'을 말한다.

양하게 드러난다. 하늘에는 사람 하늘과 금수 하늘이 있고, 사람 하늘에는 우리 하늘과 남의 하늘이 있다. 또한 우리 하늘에는 내 하늘과 저 하늘이 있다. 내 하늘에는 나 개인의 하늘과 나 개인된 하늘을 간섭하는 근원적인 하늘이 있다.

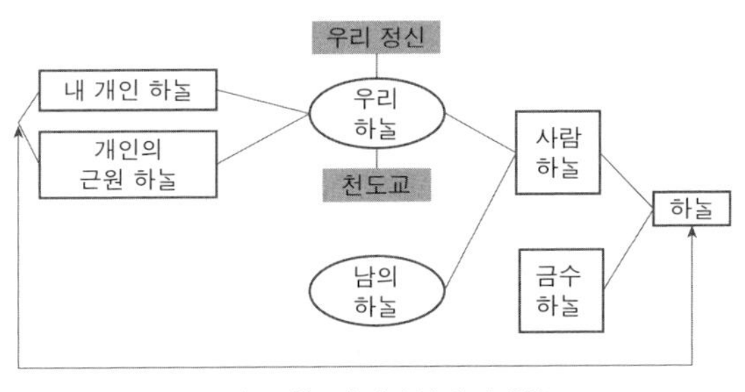

〈그림1〉하늘의 다양성과 전체성

여기서 주목할 것은 '우리 하늘'이라는 말이 '나 개인'과 '나 개인된 하늘을 간섭하는 근원적 하늘'을 포함하는 개념이고, 이는 개인들을 묶어서 지칭하는 복수 개념이 결코 아니라는 점이다. 본문에서 말하는 우리란 나 개인의 정신하늘과 나의 근원적 전체 하늘을 포함하여 지칭하는 말이고, 천도교란 바로 이러한 의미의 우리 하늘을 뜻한다. 이는 천도교라는 개념을 이해하는 데 매우 중요한 단서를 제공한다.

천도교는 서구적 개념의 종교가 아니라 내 정신하늘과 근원적 하늘을 지칭하는 전체적 개념으로서 천도교는 곧 내가 하늘의 범위가 됨을 지칭하는 말이다. 내 하늘은 시작도 끝도 없는 대천(大天) 하늘의 소부분의 하늘[小天]이 되고, 내 하늘의 정신으로 남의 하늘과 금수 하늘과 세계를 포함한 전체 하늘과 하나 되어 내 마음이 하늘 마음과 같고, 내 말이 하늘의 말[天語]이 되며 내 일이 하늘의 일과 하나로 행해질 때 공공(公共)이 실현되고, 자타의 구분도 없어진다.

제4장

우리 교[吾教]

우리 대한은 4천년의 오래된 나라이지만 능히 종교(宗教)가 있는 것인가 없는 것인가, 다시 생각해야 할 것이다.

우리 교[吾敎][1]란 남의 교[他敎]에 맞서는[2] 이름이다. 우리 교라 칭하는 이 의미를 깊이 연구하면 우리 교는 곧 우리 대한의 낡은 정신을 바꾸는 새 정신이다.

무릇 종교(宗敎)는 세계 풍화(風化)의 근원이요, 인민 정신의 골자이며, 국가 정치의 기관이다. 남의 나라로부터 성립된 종교가 우리나라[3]에 들어오면 우리나라의 풍화가 저들 나라의 풍화를 화(化)하고, 우리나라의 정신이 저들 나라의 정신을 화한다. 그러나 우리나라의 정치가 저들 나라의 정략[4]의 범위를 면하기 어렵고, 저들은 큰 세력을 가졌으니 슬픈 일이다.

---

1 '우리 교[吾敎]'에서 '교(敎)'는 현대사회의 religion으로서의 종교와 구분된다. 당시의 '교'란 주교(主敎), 종교(宗敎) 혹은 국교(國敎)라 지칭했는데, 오상준은 우리 교를 대한의 낡은 정신을 바꾸는 새 정신으로 명명하고, 이를 동시에 타교, 즉 서교를 포함한 다른 나라의 '교(敎)'와 맞서는 개념으로 사용한다.

2 우리 교(吾敎)는 우리 자국의 정신을 뜻하고, 남의 교는 타국의 정신을 담지하는 것이기에 오교와 타교는 구분된다.

3 원문은 '이 나라[此國]'이지만 문맥상 '우리나라'로 번역하였다.

4 '저들 나라의 정략(政略)'이란 당시 상황을 고려할 때, 일본의 침략을 가리킨다고 볼 수 있다.

우리 대한은 4천년의 오래된 나라이지만 능히 종교(宗敎)가 있는 것인가 없는 것인가, 다시 생각해야 할 것이다. 우리 대한이 오래 숭상해 오던 유교와 불교가 모두 우리나라 사람의 우리나라 정신으로 성립된 것이라고 말하는 것이 옳은가, 아니면 다른 나라 사람의 정신이 우리나라를 화(化)하였다고 말함이 옳은가.

다시 생각할지라. 공자는 노나라 사람이니 노나라는 우리나라가 아니요, 석가여래는 인도 사람이니 인도도 우리나라가 아니다. 또 근래에 들어온 기독교는 이스라엘에서 창립된 것이니 이스라엘도 우리나라가 아니요, 천주교는 로마에서 발명한 것이니 로마도 우리나라가 아니며, 희랍교는 러시아로부터 온 것이니 러시아도 우리나라가 아니다. 이상에서 말한 다섯 가지 '교(敎)'가 모두 우리나라 사람의 정신으로 성립된 것이 아닌즉, 우리와 남의 분간(分間)[5]을 아는 자는 결단코 이를 생각하지 않을 수 없을 것이다.

(증거) 설혹 공자가 우리나라와 노나라의 국제관계로 인연하여 군사로써 우리나라를 공격하면, 우리나라의 유학자[儒者]를 자처하던 사람은 결단코 화살촉 없는 활로 쏠 것이다. 그런즉 '자기 나라의 사상[自國思

---

5 분간(分間)이라는 말은 현대어에서는 잘 쓰지 않는다. 분간(分間)은 분견(分見)과 같은 뜻이라 할 수 있는데, 이는 큰 길이나 산야(山野)의 거리 및 높낮이를 측정하는 것을 말한다. 여기서는 우리나라와 남의 나라라는 지정학적인 구분과 함께 그 지정학적 조건에 따른 독자적 정신을 분간한다는 뜻이라 할 수 있다.

想]'이 있다 하겠는가 없다 하겠는가. 그 유학자도 자국 사상이 아주 없는 것은 아니겠지마는 이는 공자를 위하는 마음이 자국을 위하는 마음보다 중한 까닭이다. 무릇 종교의 효력과 권력이 어떠한지를 알 수 있다. 그러므로 종교를 숭상하는 사람에게도 자기 나라[自國]와 남의 나라[他國]의 구별이 있는 까닭에 자국의 종교를 대단히 여겨 삼가 숭배하는 것이다.

우리 '천도교[天道敎]'는 우리나라 사람의 정신으로 우리나라 강토에 창립된 것이다. 예전에 다른 나라가 우리나라를 동이(東夷)라 칭한 것은 우리나라에 종교가 없는 까닭에서 비롯되고, 이는 우리를 지극히 천대하여 지목한 이름이다. 그러나 하늘이 불쌍히 여겼던지 우리나라 사람의 행복이 새로 생겨났는지 천도교 종조(宗祖)가 나오시고 천도교의 진리가 발명되며, 천도교 형식이 성립되었다. 또한 천도교 범위가 확장되어, 각 종교의 반열에 거할 뿐 아니라, 천도교를 숭배[宗拜]하는 개개인 모두가 우리를 지키고 우리를 확장하여 우리 범위에 남의 침략을 받지 아니할 정신을 철석같이 굳혔으니, 우리도 4천년 만에 비로소 종교가 있게 된 것이다.[6]

---

6 한 나라가 문명의 진보를 이루기 위해서는 외세의 침략으로부터 독립을 이루지 않고는 불가능하다. 그 독립을 이루는 근간이 우리 정신이다. 오상준은 우리의 정신이자 우리 사상인 천도교(天道敎)로써 남의 침략과 지배를 받지 않는 굳건한 정신을 세우고, 독립을 이루고자 하는 의도를 나타내고 있다. 이는 오상준 개인의 입장이라기보다는 당시 천도교의 입장이라 할 것이다.

천도교를 범칭하여 말하면 '우리 교(敎)'요, 간절히 말하면 '나의 교(敎)'이다. 우리 교(敎)란 말은 우리나라 교화계(敎化界)[7]에 대정신을 회복하는 요결이요, 나의 교(敎)[8]란 말은 우리 동포 사상계에 대정신을 바로잡는 근원점이 되니, 우리의 범위는 세계요, 나의 정신은 하늘이다.

〈요해〉

'우리 교(吾敎)'에서 '교(敎)'란 수운이 서학(西學)에 맞서 우리나라의 학문을 동학(東學)이라 이름했던 것처럼 '우리 교' 역시 서교(西敎)에 맞서서 붙인 이름이다. 이는 단순히 서구 근대적 개념의 religion을 뜻하는 것이 아니라 동교(東敎)로서의 우리 정신, 최고의 가르침[宗敎], 세계 풍화(風化)의 근원, 인민 정신의 골자, 국가 정치의 기관 혹은 낡을 정신을 바꾸는 새 정신을 가리키는 말이다.

오상준은 이 모두를 포괄하는 개념으로 '우리 교[吾敎]'를 사용하고, 천도교 역시 그러한 맥락에서 사용한다. 우리 교는 우리 정신이기에

---

7 교화(敎化)의 사전적 의미는 가르치고 이끌어서 올바른 방향으로 나아가게 하는 것을 말하지만 여기서의 교화란 모든 사람이 '하날(하늘) 정신(精神)'을 갖추게 하는 것을 뜻한다.

8 오상준은 교(敎)와 종교(宗敎)를 구분하여 쓰기도 하고, 같은 개념으로서 병용하기도 한다. 또한 교(敎)를 종교보다 더 포괄적인 의미로 쓰고, 때로는 종교를 가르침 가운데 최고의 정점을 가리키는 말로 사용하고 있다.

동교(東教)이며 동교는 곧 천도교이다. 오상준이 우리 교를 타교에 맞서는 개념으로 사용하고 우리 정신을 강조하는 것은 당시 일본이나 러시아를 비롯해 강대국의 제국주의적 침략을 당면하여 우리 정신으로써 우리의 힘을 길러야 한다는 절박한 상황을 반영한 것이라 볼 수 있다. 또한 그가 우리 교를 강조하는 것은 우리나라 사람의 우리나라 정신으로 만든 우리여야 우리나라를 지킬 수 있는 힘이 생기기 때문이다. 당시 유교와 불교가 아무런 힘을 발휘하지 못한 것도 우리나라 사람이 우리나라 정신으로 만든 종교가 아니라 다른 나라 사람이 다른 나라 정신으로 만든 종교이기에 나라를 위할 줄 모르기 때문이라는 것이다.

그러므로 우리나라 사람의 우리 정신이어야 남의 침략을 막아낼 수 있고, 남의 나라로부터 성립된 종교(宗教)가 우리나라에 들어오면 우리나라의 풍화로 저들의 풍화를 화(化)하며, 우리나라의 정신이 저들 나라의 정신을 화할 수 있는 것이다. 남의 나라 종교도 우리의 종교가 확고히 설 때 그들의 정신이 소화될 수 있고, 우리의 자양분도 될 수 있다. 그러나 당시의 상황은 우리의 정신은 없고 우리나라의 정치는 저들 힘센 나라의 정략에 들어가 있는 안타까운 상황임을 오상준은 토로한다.

우리나라 사람의 우리 정신인 우리 종교, 즉 '자국의 사상'이 있어야 우리나라를 위할 수 있다. 우리가 오랫동안 동이(東夷)라 불린 것도 자국의 사상이 없어 남의 나라로부터 천대받았던 것이라고 오상준은 말한다. 그러나 이제 4천년 만에 우리 종교, 우리 사상이 있게 되었으니 천도교야말로 우리나라 사람의 우리나라 정신으로 우리나라 강토에서 성립된 것이라 그는 말한다. 요컨대 천도교는 우리 개개인 모두가 남의 침략을 받지 않을 우리 정신으로 굳게 서게 하고, 우리나라를 이끌어 대정신을 회복하며 우리 대한(大韓)의 낡은 정신을 새 정신으로 바꾸는 우리 사상이다. 이는 곧 '하늘정신'이다. 천도교는 이 하늘정신을 지칭하는 이름일 뿐이다. 하늘정신을 담아 낸다면 천도교뿐만 아니라 그 무엇이라 이름해도 될 것이다.

제5장

우리 하늘[吾天]의 요소

사람의 근원은 하늘(天)에 있고, 세상의 근원은 사람[人]에 있으며, 하늘(天)의 근원은 나에게 있다.

'나'라 칭함은 나의 독립적 정신을 표현함이요, 하늘(天)은 정신의 영향으로 인사(人事)의 정당한 도리를 행하는 이름이다. 요소(要素)[1]는 정신이 정신 노릇 하는 가치이니, 사람마다 자기의 고유한 가치와 그 가치가 가치 되는 성질을 분별하고, 그 분별의 효력으로 당당한 인격이 천지 사이에 세워지면 이는 내 하늘[吾天]의 요소를 알아 실행한 것이라 말할 것이다.

(증거) (1) 요소로써 성령을 기르고 영(靈)이 발현하는 자취[發跡]가 항상 하늘(天)과 함께하면 도덕과 지혜와 역량이 지극한 정도(程度)를 이루는 것이다. 지극한 정도는 곧 요소의 영향이다.

(2) 요소로써 육신에 더하고, 몸의 행동이 항상 하늘(天)을 작용하면

---

1 요소(要素)란 서구 자연과학의 원소(element)라는 말과 유사어로서 사물의 성립이나 효력의 발생에서 꼭 있어야 할 근본 성분 혹은 더 이상 나눌 수 없는 성분이나 조건을 말한다. 그러나 여기서 요소라는 말은 우주근원을 의미한다. 이는 아무것도 없는 비고 고요한 상태로부터 모든 기운의 작용이 나오는 이치의 요소이다.

개인이 문명이요, 사회가 문명이요, 국가가 문명이다. 또한 세계가 문명하는 것이니 문명은 요소의 효력이다.

만일 "요소를 어떻게 써서 분별하는 것인가?"라고 묻는다면 반드시 대답하기를 "무릇 사람이 보는 것이 눈빛[眼光]으로써 보는 것이 아니라 요소로써 보는 것이니 요소는 곧 심선(心線)이다. 듣는 것 또한 이관(耳管)으로써 듣는 것이 아니라 요소로써 듣는 것이니 요소는 심실(心室)이요, 말하는 것 또한 구기(口氣)로써 말함이 아니라 요소로써 말함이니 요소는 심음(心音)"이라 할 것이다.[2] 그리고 이들 요소는 '천연적 요소'와 '사상적 요소', 그리고 '연구적 요소'로 구분하는 것이 필요하다. 이 구분으로 말미암아 취할 것과 버릴 것이 정하여지고 연구가 더해지며, 또한 확장을 도모하여 가치적 요소가 보관되고 실행되기 때문이다.

사람의 요소는 하늘(天)에 있고, 세상의 요소는 사람[人]에 있으며, 하늘(天)의 요소는 나에게 있다. 요소에 상당하는 운용은 곧 책임이

---

2 우리가 눈으로 보고, 귀로 듣고, 입으로 말할 때 요소의 심선(心線), 심실(心室), 심음(心音)으로써 한다는 것은 하늘 마음으로 보고 하늘 마음으로 듣고 하늘 마음으로 소리를 낸다는 것이다. 서구의 요소론적 세계관은 물, 불, 공기, 흙, 원자와 같은 물질적인 것으로 요소를 지칭하거나 이데아, 누스, 형상, 神과 같은 정신적인 것도 요소로 지칭된다. 그러나 서구의 요소론적 세계관은 세계의 양화, 인간의 양화로 귀착되고 마는 실체론적 세계관이라는 점에서 오상준이 말하는 하늘의 요소론적 세계관과 구분된다.

요, 책임으로부터 기인하는 사업의 성적은 가치이니, 가치로 말미암아 '참된 길'로 거슬러 올라가면 사상이 능히 하늘(天)의 요소를 얻고, 사상(思想) 또한 그 요소 가운데서 예비되는 것이다. 만약 예비가 질소[窒素, 요소가 막힘]에 붙여지면 하늘(天)도 없고, 사람도 없고, 세상도 없으며 나 또한 없을 것이니 두렵도다. 요소를 심득(尋得)하는 길은 중간에 질소로 돌아가지 않음에 있고, 요소를 얻어 적용하는 역량 또한 질소의 장애를 받지 않음에 있다.

(증거) (1) 물욕의 악감(惡感)으로 말미암아 질소(요소를 막는 것)를 양성하면 요소가 그 본위를 잃을 것이니, 이는 사람이 사람을 잃는 것이다. (2) 습성의 악화로 인하여 요소의 본위가 완전하지 못하면 질소의 침략을 입어 사람이 하늘(天)을 잃을 것이다.

〈요해〉

이 장에서는 내 하늘의 요소를 설명하는데, 내 하늘이라는 것은 나의 독립적 정신이 내 하늘정신의 영향으로 모든 일에 정당한 도리를 행하는 것을 말한다. 우리 행동이 항상 하늘의 작용을 이루고 정당한 도리를 행한다는 것은 우리의 모든 감각기관의 작용이 하늘의 작용을 이루는 것이 된다. 눈으로 볼 때 요소로 보고, 귀로 들을 때 요소로 들으며, 또한 말을 할 때 요소로써 말을 하는 것이다. 요소는 정신이 정신 되게 하는 가치를 뜻한다. 사람의 요소는 하늘(天)에 있고, 세상의 요소는 사람[人]에 있으며, 하늘(天)의 요소는 나에게 있다. 사람마다 자기의 고유한 가치와 그 가치가 가치 되게 하는 성질을 분별하여 자신의 인격을 세우면 내 하늘의 요소를 아는 자요 이를 실행하는 자이다.

우리의 문명은 다른 것에 있는 것이 아니라 개인의 행동이 항상 하늘의 작용을 이루는 것에 있다. 하늘을 행함에서 개인이 문명 되고 사회가 문명 되며 국가가 문명 된다. 그리고 더 나아가 세계 문명을 이루는 것이다. 이렇게 문명이란 서구 근대문명을 지칭하는 것이 아니라 나에게서 하늘의 정신과 하늘의 행동이 이루어짐에서 비롯되는 '하늘 정신'의 문명을 말한다.

제6장

우리 교의 정신

우리 교는 천심(天心)의 대본부(大本部)이다. 우리 교의 자애심은 천심 중의 자애요, 우리 교의 구활심(救活心)은 천심 중의 구활(救活)이다.

우리 교는 세계의 '대야(大冶, 대장간)'이다. 연마의 정신이 항상 하늘(天)로써 준적(準的)하고,[1] 정신의 명령 하에 있는 용주법(鎔鑄法)[2]이 또한 저 표준물에 대하여 항상 하늘(天)로써 준적하니, 그런즉 원초적 천연계(天然界)에서 형성한 하늘(天)도 하늘(天)이요, 천연계로부터 인화계(人化界)에 와서, 우리 교의 정신력을 받은 자도 또한 하늘(天)이다.[3] 이 하늘(天)에 대하여 그 말미암는 바의 근본을 캐어 보면 이 하늘(天)의 상반계(上半界)는 우리 교의 본원(本原)이요, 하반계(下半界)는 우리 교의 정신이다. 정신은 본원 중에서 나온 것으로서 본원의 시종(始終)을 완전히 하기 위해서 세계로 하여금 우리 교의 대야 가운데에 들어오게 하는 것이다.

---

1 준적이란 활쏘기에서 '표적을 겨냥하는 것'을 말한다. 여기서 준적이란 표준을 삼음이다.

2 용주법(鎔鑄法)이란 거푸집에 쇳물을 부어 일정한 모양으로 만드는 것을 말한다. 심신의 일정한 작용을 용주법에 비유하고 있다.

3 오상준은 천연계에서 인화계로 진화하는 우주의 진화를 말하고 있는데, 천연계는 상반계로서 우리 교의 본원이 되고, 인화계는 하반계로서 우리 교의 정신이 됨을 말하고 있다.

세계는 본래 하늘 마음(天心) 가운데서 나온 것으로, 세계의 성질 역시 순량(純良)하고 세계의 본체 역시 한 덩어리[一團][4]이다. 그러나 세계 가운데 생겨 나온 악마의 희롱을 입는 까닭에 각각 저마다 한 방면을 나누어 하나의 소세계(小世界)를 짓는다. 한 개인이 분립하여 한 소세계(小世界)를 지으나, 그 한 걸음도 내딛지 못함은 모두가 서로 다투고 죽이는 것에 불과하기 때문이다. 이 풍습이 자라나 강성하여 그치지 않으면 우리의 세상은 어육계(魚肉界)가 되고,[5] 우리는 원수가 될 것이다. 그러면 천심(天心)이 이를 가련하게 여기겠는가, 아니면 이를 기뻐하겠는가.

우리 교는 천심의 대본부(大本部)이다. 우리 교의 자애심은 천심(天心) 중의 자애요, 우리 교의 구활심(救活心)은 천심 중의 구활(救活, 생명을 구하다)이다. 자애심으로써 신령한 약[神丹][6]을 만들고 구활심으로써 신령한 채찍[神鞭]을 만들어 신단으로써 세계를 기르고 신편으로써 악마를 쫓아내면 신단의 영통한 효험은 세계로 하여금 다시 순량한 성질을 회복하고 신편의 널리 미치는 힘은 세계로 하여금 다시 한울타리[一團]의 본체를 이루게 할 것이다. 그러므로 우리 교의 대정신은 곧 천심 대본부의 대정치(大政治)이라. 세계를 한 사람(一人)으로 보

---

4 일단(一團)이란 우주 전체를 한 범위로 하는 한울타리라는 뜻을 가진다. 한울타리는 곧 한울이다. 일단은 '한 덩어리', '한 몸'으로도 번역하였다.

5 어육계가 된다는 것은 물고기처럼 살육을 당한다는 의미이다.

6 신단이란 도교에서 신선들이 만든다는 장생불사의 환약을 빗대어 말한다.

고, 세계를 한 몸(一團)으로 보는 것이다.[7]

세계는 진실한 사람 마음[8]의 한 점에 불과하다. 우리 교의 성(誠)[9]을 이 한 점에 가(加)하면 세계가 진실한 명령 하에 돌아오고, 우리 교의 경(敬)을 이 한 점에 가하면 세계가 경(敬)의 범위 안으로 돌아온다. 또한 우리 교의 신(信)을 이 한 점에 가하면 세계가 믿음의 대 효력을 이루고, 우리 교의 법(法)으로써 이 한 점에 가하면 세계가 법의 대 면목을 이룬다. 사람 마음[人心]은 우리 교의 직접 명령 하에 있는 것이요, 세계는 우리 교의 간접 명령 하에 있다. 그러므로 세계를 개량할 자는 먼저 인심을 개량하고, 인심을 개량할 자는 먼저 우리 교의 정신을 흡취(吸取)하는 것이다.

〈요해〉

우리 교가 세계의 대야(대장간)라고 말하는 것은 우리 교의 정신이

---

7 세상을 한 사람으로 보고 세계를 한 몸으로 본다는 것은 인간 각자가 전체로부터 자신을 분리시킨 소세계를 벗어나는 것이다. 하늘마음[天心]의 자애로 세계를 기르고, 하늘마음의 구활심(救活心)으로 악희를 쫓아내면 세계가 다시금 동귀일체로 돌아와 한울타리가 된다. 이것이 곧 대정치(政治)로서 정치란 분리된 소세계의 약육강식하는 전쟁터를 동귀일체의 한울타리로 바꾸는 것이다.

8 원문은 인심단(人心丹)이다. 이는 거짓 없는 지성(至誠)스러운 마음을 뜻하는데, '진실한 사람마음'이라 할 수 있다.

9 동학에서 성(誠)은 생생불식(生生不息)하는 하늘의 본체를 말한다.

항상 하늘(天)을 준적(準的)하여 표준물을 주형하기 때문이다. 하늘은 원초적인 천연계(天然界)의 상반계(上半界) 하늘(天)과 천연계로부터 인화계(人化界)에 와서 우리 교의 정신력을 받는 하반계 하늘(天)이 있다. 상반계는 우리 교의 본원(本原)이요, 하반계(下半界)는 우리 교의 정신이다. 본원의 상반계와 정신의 하반계는 서로 떨어질 수 없다. 우리 정신은 천연계의 본원에 근원하고, 본원의 시종(始終)을 완성하는 것은 인화계의 우리 정신이기에 세계를 우리 대장간에 들여 하늘의 준적으로 세계를 주형하는 것이다.

그러므로 만약 하늘마음[天心]을 준적하지 않고 사람 각자가 분립하여 소세계(小世界)를 지으면 서로 다투고 죽이는 세상이 될 수밖에 없다. 우리 교는 천심의 대본부(大本部)로서 세계를 한 사람(一人)으로 보고, 세계를 한 몸(一團)으로 봄에 우리 교의 자애심은 천심(天心)의 자애이다. 천심의 자애로써 세상을 기르고 천심의 구활로써 악희(惡戱)를 쫓아내면 세계는 다시 순량한 성질을 회복한 것이다. 그러므로 오상준은 우리 교의 대정신은 곧 천심의 대정치(大政治)라고 말하는데, 정치란 세상을 약육강식하는 분립의 전쟁터로부터 동귀일체의 한 울타리로 화합시키는 것이다.

또한 오상준은 그 방법으로서 성 · 경 · 신 · 법(誠敬信法)을 말하고 있는데 『동경대전』에서 성(誠)은 쉬지 않고 생성되는 순일한 하늘의 본체라 하였다. 오상준은 본문에서 진실한 마음과 하늘의 본체(誠)가 합하여 세상이 진실한 뜻 아래로 돌아옴을 말하고 있다. 또한 경(敬)

은 『해월신사법설』에서 경심(敬心), 경인(敬人), 경물(敬物)의 삼경(三敬)으로 설명되었다. 오상준은 진실한 마음에 공경이 가해져 세계가 공경의 대상이 된다 하였다. 하늘 마음을 공경함은 곧 사람과 만물에 이르기까지 공경을 게을리 하지 않음이고 세계만물이 공경의 대상이 된다.

신(信)은 옳은 바를 믿는 것이고, 이는 곧 참된 마음을 믿어 이를 지키는 것이다. 이 마음을 믿음은 하늘의 본체를 이룸이다. 오상준은 진실한 마음에 신(信)이 가해져 세계가 믿음의 대 효력을 이룬다 하였다. 즉 믿음의 대 효력으로 세계가 하늘의 세계로 돌아오는 것이다.

법(法)은 천법(天法)을 뜻한다. 수운과 해월 시대는 성 · 경 · 신만을 말했다. 성 · 경 · 신 · 법(誠敬信法)의 사과(四科)로 법(法)이 추가된 것은 의암 시대에 와서이다. 이는 서구 자연법의 영향이라 할 수 있는데 「명리전」에서 우리 교의 법이란 천법(天法)을 뜻하는 것이라 하였다. 천법이란 자연법의 천도교 버전으로서 천연법을 뜻한다. 오상준은 우리 교의 법과 진실한 마음이 합해져 세계가 법의 대 면목을 이룬다 하였다. 여기서 '대면목'이라 한 것은 천법에 입각해 법률이 만들어져 각 개인의 정당한 삶을 돕는다는 것을 의미한다.

제7장

사람의 직분

성령과 육신의 책임이 각기 이상적인 영역의 구분이 있으나 이 사실적 의무로 항상 상호 교차적인 효과를 내어 이를 직분의 대본부에로 돌린다. 성령의 본무(本務)는 도덕과 지혜와 사상을 확충하는 관념이요, 육신의 본무는 가족과 사회와 국가를 전진(展進)시키는 관념이다.

사람이 하늘(天)의 명령으로 동물계에 와서 최대의 위치를 점하고, 최대의 가치를 지니는 것이니, 위치는 어떠한 능력으로써 그 최대를 공고히 하고, 가치는 어떠한 방법으로써 그 최대를 보유(保有)하는 것인가. 이 모두는 사실상 사람의 대 직분에 있다. 직분의 범위는 내과(內課)와 외과(外課)로 나뉘고, 내과는 성령(性靈)이 주장하며 외과는 육신(肉身)이 주장한다. 성령의 본무(本務)는 도덕과 지혜와 사상을 확충하는 관념이요, 육신의 본무는 가족과 사회와 국가를 진보시키는 관념이다. 성령과 육신의 책임이 각기 이상적인 영역의 구분이 있으나 이 사실적 의무로 항상 상호 교차적인 효과를 내어 이를 직분의 대 본부에로 돌린다.

1. 내과

도덕이란 인애(仁愛)와 정의(正義)가 통일되어 시종일관된 행동이 있는 것을 말한다. 인애는 본래 마음에 계합하는 생각[心思維][1]으로써 하되 나(我)[2]도 하늘(天)로 말미암아 생성된 자요, 우리 동포 또한 하늘(天)로 말미암아 생성된 자이니, 나와 우리 동포가 같은 부모의 같은 혈육을 받은 형제와 같다 하여 가슴에 가득 찬 애정으로 동포의 환난(患難)과 빈핍(貧乏)을 구하는 것이다.

정의 역시 본래 마음에 계합하는 생각으로써 하되, 나는 당당한 자이니 우리 교와 우리나라의 곤란함을 보고, 어찌 예사롭게 있으랴 하여 자기의 용맹한 힘을 떨치고, 자기의 자산을 기울이며 자기의 생명까지 버리는 것을 말한다. 이 두 가지는 인도・인덕(人道人德)에 필요한 본분이다. 그러므로 사람이 자기의 본분을 알면 반드시 도덕심[3]을 함양하는 것이다.

지혜는 무형한 이치와 유형한 물질에 대하여 능히 통연(洞然, 밝고 환함, 혹은 명료함)하게 깨달은 힘, 즉 각력(覺力)이 발생함을 말한다. 이 각력에 바탕하여 지혜는 천연적 지혜와 연구적 지혜로 나뉜다. 최고의 천연적 지혜는 신인(神人)인데, 이는 우리가 공부로써 자득하기 어

---

1 원문은 심사유(心思維)이다. 심사유란 본래 마음, 하늘 혹은 진리에 계합하는 생각을 말한다.

2 '아(我)'와 '오(吾)'는 모두 사전적 의미로 '나'를 지칭하는 것이지만 용례와 맥락에 따라 '나', 혹은 '우리'로 번역했다.

3 도덕심이란 도체・덕용(道體・德用)으로서의 인도(人道)・인덕(人德)에 입각한 도덕심이다. 즉 하늘에 계합하는 인도에 입각하여 인애와 정의의 인덕을 발현하는 도덕심이다.

려운 것이다. 그러나 차등(次等)의 천연적 지혜는 사람이 유년(幼年)에서부터 학문에 힘쓰고, 그 깊은 공부가 지극한 정도에 이르러 장년(壯年)에 미치면 사물을 수작(酬酌)[4]할 때, 각력(覺力)의 풍부함이 강물과 같이 넘쳐날 것이다. 또한 비록 공부하지 못한 성인[壯年人]이라도 항상 청정(淸淨)함으로써 정신을 기르고, 연구로써 마음속 기계를 쉬지 않다가 왕왕히 사물을 대함에 감각의 효력을 얻는 자도 있다. 이는 현재의 지혜가 준비된 지혜 가운데서 나타난 것이다.

연구적 지혜는 해당 사물에 대하여 능히 높고 낮음[高低]의 기준(錘)을 정하고, 진퇴의 걸음을 시도하는 것이니, 이 공용(功用)도 또한 준비된 지혜의 영향이다. 그러므로 지혜를 쓸 자는 반드시 먼저 지혜를 준비함이 옳다.

그러나 단지 사물에 대하여만 지혜를 준비하고자 한다면 이는 과학적 지혜에 불과하고, 준비가 반드시 두루 충족되지 못할 것이다. 겸하여 하늘(天)의 무형으로써 지혜의 근본을 발명(發明)하고, 지혜의 역량을 충만케 한 연후에야 다대(多大)한 준비를 얻었다 할 것이다.

사상은 연구적 사상과 차별적 사상이 있으니 연구적 사상은 과거를 혁신하고 미래를 찾아 그 사이에 선량한 방침을 정하는 것이다. 선

4 수작은 본래 술잔을 서로 주고받는다는 뜻이다. 그러나 술자리에서 사람들과의 만남과 접대가 이루어지고, 많은 일이 꾸며지므로 '일을 도모한다'는 의미로도 쓰인다. 현재 수작은 '수작을 부린다'는 말처럼 밀약을 맺고 음모를 꾸미는 부정적인 의미로 통용되지만 여기서 수작은 사물과의 상호작용을 뜻한다.

량한 목적을 얻으면 사상이 점점 높은 경지로 나아갈 것이요, 만일 사상을 한가함에 부속시키면 머지않아 나태(懶惰)로 귀결될 것이니 나태는 사람의 맹렬한 독이다. 모든 악이 이에 바탕하고, 모든 해로움이 이에서 근원한다. 그러므로 사상은 연구를 필요로 한다.

차별적 사상은 사실적 표준을 깊이 헤아리고 면밀히 생각하는 것이다. 어떤 것은 고등(高等) 사상이고, 어떤 것은 열등(劣等) 사상이라 할 것이니, 우리는 이 가운데 반드시 고등사상을 지키리라 하여 죽음을 맹세코 그 마음을 변하지 않게 하는 것이다. 고등사상이란 개인 차원[私分]에서는 도덕과 학문으로 성인(聖人)될 것을 스스로 기약함이요, 공의 차원(公分)에서는 우리 교[吾敎]가 나의 정신 하늘[精神天]이요, 우리나라[吾國]는 나의 육신의 땅[肉身地]임을 확신하는 마음이다. 이는 곧 우리가 자기의 성을 바꿀 수 없는[自姓不改] 특성과 같다.

열등사상은 자신이 금수나 노예가 됨을 부끄러워하지 않음이요, 자기 나라의 정신교육(精神敎育)이 되는 종교를 알지 못하는 것이다. 또한 자기 나라의 위치가 남의 나라 밑으로 타락(墮落)한 것을 부끄러워하지 않음이니, 이 열등사상이 조금이라도 마음에 머물러 있으면 이는 인격이 자멸(自滅)된 자라 할 것이다. 그러므로 사람이 사람 되고자 하는 욕망이 있다면 먼저 고등사상을 확고히 지키고, 그다음으로 연구사상을 써야 할 것이다.

2. 외과(外課)

가족은 천륜이자, 사람 일의 시작[5]이다. 우리 교의 박애주의도 여기에 시원(始源)하는 바요, 우리나라의 공적 단체[公體]의 면목도 이에 기반하여 비롯되는 것이다. 가족은 생존과 행복의 본원이다. 그러므로 인류의 발달에 주의하는 자는 먼저 종교학[精神]과 국가학[形式][6]으로써 가족을 교육하고, 천정법(天定法)과 인정법(人定法)으로써 가족을 정제(整齊)하는 것이다.

사회는 사람과 사람의 결합체(結合體)이니, 한 집안[一家]으로부터 세계 모든 나라에 이르기까지 그 범위는 한정이 없으나, 사람과 관련되는 최대의 것은 종교의 공덕사회(公德社會)와 국가의 공의사회(公義社會)이다. 종교력(宗敎力)이 아니면, 우리 마음[吾心]은 짐승의 소굴을 이룰 것이요, 국력(國力)이 아니면 '우리 몸[吾身]' 또한 외적(外敵)의 노

---

5 여기서 사람 일은 원문의 인통(人統)을 번역한 것인데 원래 인통은 삼통(三統: 天統·地統·人統)의 하나로서 새로 시작하는 해의 처음을 뜻한다. 본문의 인통은 '사람 일의 시작'을 뜻한다.

6 오상준은 근대 학문에서 종교학과 국가학을 근간으로 동학의 학문적 분류를 제시하였다고 볼 수 있고, 만해는 종교학과 철학을 차용하여 불교의 학문적 위상을 설정해 나갔다고 볼 수 있다. 오상준은 종교학을 정신, 그리고 국가학을 형식이라 말하는데, 이는 사람의 정신과 몸의 관계처럼 인류의 생활 터전이 국가 단위로 꾸려져 나가기에 국가를 형식이라 하고 그 형식 속에서 성장 발전하는 정신을 종교라 칭한 것이다. 천도교에서는 종교와 국가를 교정쌍전(敎政雙全)의 이념으로 정립한다. 그리고 오상준은 종교와 국가에 개인과 동포애를 아울러서 삼단의 사상을 제시했다.

예가 될 것이다. 그런즉 우리에게 종교사회와 국가사회의 효력이 대개 어떠한 것인지 익히 알 수 있다. 그러나 사회는 스스로 성립되는 자성체(自成體)가 아니라 우리의 심력(心力)에 의존하여 성립하는 것이다. 우리의 헌신적 사상으로 우리 교와 우리나라를 완전하게 하려는 것은 이 대사회(大社會)의 공익(公益)이 결국 우리에게 파급되는 까닭이다.

국가는 일정한 토지 내에 있는 우리 다수의 단합체(團合體)이다. 국가의 성질은 우리의 공동적 생활로써 만들어지는 것이요, 국가의 행동은 우리 생활의 안녕과 행복을 위해 하는 것이다. 또한 국가의 면목은 외국에 대하여 독립 자존을 표시하는 것이요, 국가의 능력은 우리를 침략하는 외적을 방어하는 것이니, 국가의 책임뿐만 아니라 국가의 본체가 되는 우리의 책임 또한 매우 중대한 것이다. 무릇 국가의 본령은 법률이니 법률의 본령은 도덕이요, 도덕의 본령은 종교이다.[7] 우리의 종교심으로써 우리 동포를 사랑하여 모두의 마음을 모아 단결하고, 우리 동포의 단결심으로써 우리나라를 사랑할지니, 우리나라는 나의 생활 터전[生活地]이요, 내 동포의 생활 터전이다.

---

7 종교를 도덕과 법률과 국가의 본령으로서 근간을 삼을 때, 이때 종교는 특정 종교의 국교화나 종교 편향을 내포한다기보다는 "2천만의 동포를 나 한사람으로 보고, 세계를 한 몸으로 보는" 대한의 정신을 의미한다고 볼 수 있다. 오상준은 그 대한의 정신을 동학의 하늘(天) 정신으로 보고 있다.

〈요해〉

동물 가운데 인간이 최대의 가치를 보유하는 것은 사람에게 주어진 직분 때문이다. 직분은 성령이 주장하는 내과와 육신이 주장하는 외과로 나누는데, 성령의 본무는 도덕, 지혜, 사상을 확충하는 관념에 있고, 육신의 본무는 가족, 사회, 국가를 발달시켜 나가는 관념에 있다. 성령의 본무 중 ① 도덕은 인애와 정의를 말한다. 인애란 하늘마음에 계합한 생각을 바탕으로 하여 동포의 환난과 빈핍을 구하는 것이고, 정의란 우리 교와 우리나라의 곤란함을 보고 이를 구하기 위해 용맹을 떨쳐 재산과 생명까지 버리는 것을 말한다. 또한 ② 지혜는 무형과 유형의 물질에 대하여 밝게 깨달은 힘이 드러나는 것을 말한다. 여기에는 세 가지가 있는데, 깨달은 힘을 바탕으로 하여 신인의 천연적 지혜, 학문에 힘쓰고 마음을 청정히 함으로써 정신을 기르는 천연의 차등적 지혜, 그리고 사물을 과학적으로 연구하는 연구적 지혜가 있다. ③ 사상은 연구적 사상과 차별적 사상으로 나누는데, 연구적 사상은 과거와 미래 사이에 선량한 방침을 정하고 선량한 목적을 얻어 점점 더 높은 경지로 나아가는 것이다. 한가함과 나태는 모든 악과 해로움의 근원이 된다. 또한 차별적 사상이란 고등사상과 열등사상을 헤아리고 면밀히 생각하여 고등사상을 지키는 것이다. 고등사상은 다시 개인 차원과 공적 차원으로 나누는데, 개인 차원에서 사상은 도덕과 학문으로 성인됨을 기약하는 것이고, 공적 차원에서 사상은 우리 교가 우리의 정신이요, 우리나라가 곧 우리 육신의 땅임을 확신하는 것이다. 반면 열등사상은 자기가 금수가 되고 노예가 되는 것을 부끄러워하지 않음이요, 자기 나라의 정신교육인 종교를 알지 못하는 것이다. 또한 자기 나라가 남의 나라 밑으로 들어간 것을 부끄러워하지 않는 것을 말한다. 오상준은 만약 이러한 열등사상이 조금이라도 있으면 인격이 자멸된 자라고 말한다.

특히 그는 종교가 곧 자기 나라의 정신교육이라 말하고, 성령의 주된 발현인 도덕, 지혜, 사상의 역량을 이끌어내는 것이 핵심임을 강조한다. 또한 외과로서 육신의 본무는 가족에서 출발한다. 가족은 천륜에 해당하고, 사람의 모든 일은 여기에서 출발하기 때문이다. 나라의 공적 단체의 면모도 이에서 비롯되는데, 가족교육은 정신교육을 일컫는 종교학과 형식으로서의 국가학으로 한다. 또한 천정법(자연법)과 인정법으로써 가족을 정제한다 하여 가족을 사회와 국가의 기본 단위로 설정하고 있다. 그리고 이로부터 공덕사회와 공의사회로 나아가고, 우리 생활의 안녕과 행복을 위하는 국가, 외국에 대해 우리의 독립 자존을 준엄하게 표시하는 국가를 펼쳐 나가는 것이 사람의 직분이라는 것이다.

국가는 일정한 토지 내의 단합체를 말한다. 우리의 공동생활로부터 국가의 성질이 정해지고, 우리의 생활적 안녕과 행복을 위해 국가의 행동이 이루어지며, 외국에 대하여 우리의 독립 자존을 표시함에 국가의 면목이 있다. 그러므로 오상준은 국가의 능력은 외적의 침략을 방어하는 것에 있고, 국가의 본령은 법률이며, 법률의 본령은 도덕이며, 종교라고 말한다. 이 모든 것의 궁극적 바탕은 사람 된 하늘 정신에 있고 국가와 법률과 도덕과 종교는 이를 위해 봉사하는 것이라 할 수 있다.

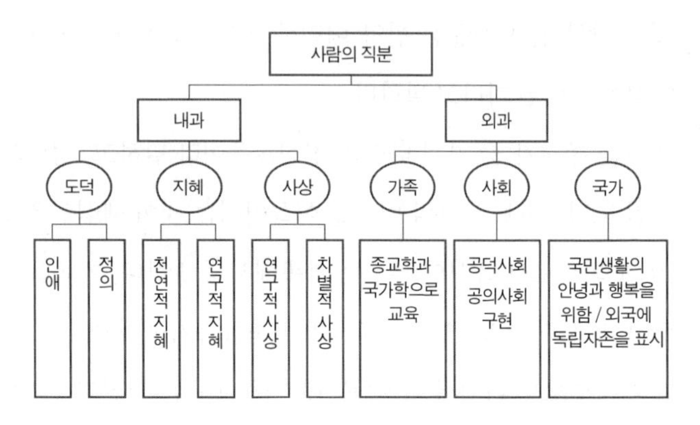

〈그림2〉사람의 직분과 그 내용

제8장

사람의 자유

우리의 살 길은 우리 겨레의 정신력을 이루어 천만의 입으로 자유가(自由歌)를 부르고, 천만의 손으로 자유기(自由旗)를 잡으며, 천만인의 자유혈(自由血)로써 저 자유의 적(賊)에 대항하는 것이다. 저들은 우리 겨레의 자유를 점탈(占奪)한 자라. 우리는 반드시 우리 겨레의 자유를 우리 동포에게 되돌릴 것이다. 그런 후에야 나의 하늘이 자유하늘(自由天)이요 나의 땅이 자유의 땅(自由地)이 되리니, 그때야 비로소 자유 천지에 자유인으로 살게 될 것이다.

자유는 나의 고유한 천권(天權)이다. 나의 행동이 다만 율례(律例)와 예절의 제한에 저촉되지 않으면 세계는 나의 가락(嘉樂)과 특별한 뜻을 받들어 주는 활발발(活潑潑)한 세상[1]이라 할 것이다.

그러나 자유는 사람의 행동에 의해 그 범위가 늘어나기도 하고 축소되기도 한다. 자기의 자유를 남용하여 타인의 자유를 침범하다가 법률의 힘에 제재되어 오히려 자신의 자유가 축소된 사람도 있고, 단지 자신의 약함으로 말미암아 천분적(天分的)[2] 자유를 안보(安保)하지 못하다가 세인(世人)의 공의(公義)에 의지하여 자유를 회복한 사람도 있다. 또한 자기의 자유를 스스로 포기하여 다른 사람의 노예가 된 자도 있고, 다른 사람의 자유를 빼앗아 자기의 자유 범위를 확장시키는 사람도 있다. 자유의 경쟁으로 인하여 사람은 항상한 하늘양심[天良

---

1 선가(禪家) 어록인 『벽암록』에 의하면 활발발(活潑潑)이란 물고기가 기운 좋게 물을 튀기면서 팔딱팔딱 뛰노는 모습을 진리의 작용에 비유한 말이다. 원문의 활발발지(活潑潑地)란 활기찬 세상을 비유한 말로 볼 수 있다.

2 천분적이란 개체적 하늘을 지칭하는 것으로서 개체로 나누어진 하늘, 즉 소분천(小分天)으로서의 인간을 의미한다.

心[3]을 보호하기가 어려운 것이다.

그러나 사람의 자유는 하늘(天)이 주신 바요, 나라가 보호하는 바이거늘, 슬프도다, 우리나라의 정도가 오늘과 같음에 처하여 우리 민족의 자유가 있다 할 것인가 없다 할 것인가. 자유가 없으면 우리 민족은 희생 제물이요, 우리 민족의 한 분자(分子)된 나 또한 희생 제물이라. 우리 하늘[吾天]이 어찌 묵시(默視)하실까. 우리나라가 어찌 이와 같이 끝날 것인가.

우리 겨레여 생각해 볼지라. 어떠한 배움의 힘[學力]과 어떠한 심력(心力)과 어떠한 성력(誠力)과 어떠한 능력으로써 우리 겨레의 자유를 회복할까. 학문으로써 겨레의 지력(智力)을 기르고, 의용심(義勇心)으로써 우리 겨레의 자강력(自强力)을 기르며, 우리 교[吾教]의 애국 정성으로써 하늘(天)의 감화력을 받을 것이다. 또한 우리 교가 구활(求活)하는 목적으로서 우리의 살 길은 우리 겨레의 정신력을 이루어 천만의 입으로 자유가(自由歌)를 부르고, 천만의 손으로 자유기(自由旗)를 잡으며, 천만인의 자유혈(自由血)로써 저 자유의 적(賊)에 대항하는 것이다. 저들은 우리 겨레의 자유를 점탈(占奪)한 자라. 우리는 반드시 우리 겨레의 자유를 우리 동포에게 되돌릴 것이다. 그런 후에야 나의 하늘이 자유천(自由天)이요 나의 땅이 자유의 땅(自由地)이 되리니, 그

3 항상한 천량심(天良心)이란 사람에게 나누어진 천심(天心)이라 할 수 있는데, 이는 곧 천분(天分)에 의한 양심을 지칭한다.

때야 비로소 자유 천지에 자유인으로 살게 될 것이다.

그러므로 우리 겨레의 자유력(自由力)이 꺾어짐을 통한(痛恨)할 것만 아니라 자유의 성질을 분명히 깨달아 자유의 힘[自由力]을 스스로 기르는 것이 필요하다. 무릇 자유의 성질은 스스로의 자유가 항상 타인의 자유계(自由界)를 회피하는 것이니 율례(律例)와 예절로써 자타(自他)의 자유 영역을 한정한 한계가 자못 번쇄(煩瑣)하다. 우리가 쉽게 아는 증거로써 예를 든다면, 가령 타인의 소유물을 자의(自意)로 취하면 도적이라 말할 것이요, 어른에 대하여 어린 자가 예모(禮貌)를 잃으면 불경(不敬)이라 말할 것이니 이는 육신계의 정치적 영향이다. 그러므로 정치적 전제시대 하에서는 인민의 자유가 속박되는 지경에 이르지만 종교가의 성령자유에는 제한이 없다. 하늘(天)의 무궁한 진리로써 사람의 마음에 무궁한 자유를 얻는 것이니 설령 만국인[萬邦人]의 공동천(共同天)을 점령하여 나 한 개인의 성령자유계로 만들어도 나에 대하여 능히 금지하며 막을 자가 없다. 그러므로 자유의 뛰어난[超等] 사상(思想)이 있는 자는 먼저 종교로써 자유세계를 만들어 자심(自心) 상에서 자유력(自由力)을 기르고, 마침내 자기 세계의 자유력(自由力)을 발전시키는 사람이다.

〈요해〉

자유는 나의 천권이다. 인권이라는 말 대신 천권이라 명명한 것은 사람을 천인(天人)으로 보는 인간 이해에 따른 것이다. 자신의 하늘과 합한 사람은 그 천격(天格)을 이루는 천인이므로 인권이 아니라 천인권(天人權), 즉 천권이라 지칭한다. 사람의 자유는 천분(天分)의 인권이요, 국가가 보호하는 것이다. 이는 서구의 '천부인권(天賦人權)'과도 맥락이 이어지지만 오상준이 말하는 '천분인권(天分人權)'은 인간 스스로가 하늘로서 이 하늘과 합하여 갖는 하늘격, 즉 천격(天格)에서 온다.

서구의 인권 개념은 천부인권설에 바탕한 것으로서 인간은 신이 창조한 피조물이기에 모두가 평등하고 존엄한 권리를 갖는다. 그러나 동학에서 말하는 천권은 하늘을 모신 사람[天人]을 근간으로 하고, 이는 스스로에게 품부된 하늘의 자각에 기반한다. 즉 인간에게 부여된 자유가 곧 하늘이자 무궁한 진리이며 천심이기에 인간은 천인의 천권을 지니는 것이다. 우리는 천분의 자유인으로 태어났고, 천권과 천인의 양심은 우리나라, 우리 겨레의 자유가 지켜져야 보호될 수 있는 것이다. 그러나 당시의 나라와 겨레의 상황은 자유를 침탈당하여 인민의 자유가 없고, 외국의 침략은 거세어 사람의 천권을 보호하기 어려운 현실이었다.

이에 오상준은 학문으로써 겨레의 지력을 기르고, 의용심으로써 자강력을 기르며, 우리 교(吾教)의 애국 정성으로써 하늘(天)의 감화력을 받아 자유를 지키자는 방도를 제시한다. 특히 우리 교[吾教]는 우리 겨레의 살 길을 구하고자 하는 것이고, 우리 겨레의 정신력을 이루는 근원이자 애국정신의 상징으로 자리매김되는데, 그는 "천만의 입으로 자유가를 부르고, 천만의 손으로 자유기를 잡으며, 천만 사람의 자유혈이 동귀일체가 되어 자유를 침탈하는 자에 대항하자"고 호소하고 있다. 이것이 곧 민중시위운동의 제기로서 우리 스스로가 자유를 찾는 길임을 선포한 것이다. 이는 훗날 현실이 되어 3.1운동 당시 2천만 겨레가 일제히 일어나 하나의 입이 되어 대한독립만세를 부르고, 하나의 손이 되어 태극기를 잡으며, 하나의 혈이 되어 자유의 힘을 세계만방에 천명한 것과 같다. 즉 대한독립만세는 자유가(自由歌)가 되고, 태극기는 자유기(自由旗)가 되며, 피로써 자유를 천명함은 우리의 자유력(自由力)이 되었던 것이다.

제9장

사람의 자격

사람의 근본적 자격은 자심(自心)의 영향으로 말미암아 얻거나 잃는 것이고, 형식상 자격은 타심(他心)의 명령으로써 진퇴(進退)하는 것이다. 그러므로 드높은 뜻을 가진 사람[志士]은 자심(自心)으로부터 얻어 나오는 자격을 도모하는 것이다.

사람의 자격 범위 안에는 근본적인 자격과 형식상의 자격이 있다. 근본적 자격은 덕업(德業)과 도의(道義), 식견(識見)과 공용(公勇) 및 사상과 판단을 말하고, 형식상 자격은 겉으로 드러난 지위에 관한 것으로 흔히 말하는 관(官), 민(民), 상층, 하층을 말한다.

근본적 자격은 자심(自心)의 영향으로 말미암아 얻거나 잃는 것이고, 형식상 자격은 타심(他心)의 명령으로써 진퇴(進退)하는 것이다. 그러므로 드높은 뜻을 가진 사람[志士]은 자심(自心)으로부터 얻어 나오는 자격을 도모하는 것이다.

그런즉 우리는 모두가 지사(志士)의 마음으로 지사의 자격을 취해야 할 것이다. 그 방법을 차례로 말하면 우리 사람의 성분 안의 고유한 참 영[眞靈]과 참 몸[眞腴]으로써 한 결실[一果]을 이루어 온갖 번뇌가 이를 더럽히지 못하고, 모든 풍상이 이를 요동케 하지 못하면 그 덕업(德業)이 고등이요, 그 도의와 식견이 고등이며, 그 공용(公勇)이 고등이요, 그 사상과 판단이 고등이라. 이 고등으로써 우리 겨레를 구하면 우리 겨레가 가히 굴레를 벗어날 것이요, 우리나라를 사랑하면 우리나라의 위치가 또한 고등한 자리에 위치할 것이니 이는 지사(志士) 자신이 고등자격을 얻는 영향으로서 그 효력이 자못 광대하다.

다시 권면하노니 우리는 태평무사(泰平無事)한 나라에 태어난 태평무사한 사람과는 다르다. 우리 개개인의 마음 중에 잠시라도 잊지 못할 피의 맹세[血誓]로서 항상 스스로 기약하기를 나의 가족도 나의 자격 범위 안이요, 나의 사회도 나의 자격 범위 안이며, 나의 나라도 나의 자격 범위 안에 있는 것이라 하여 나의 자격을 기르며 나의 자격을 보호해야 할 것이다. 비록 천만인의 세력가라도 능히 경쟁하지 못하며 능히 침탈하지 못할 나 자신의 도덕과 학문과 의용(義勇)으로써 나의 자격을 더욱 더 고등한 정도(高度)로 기르며 보호하는 것이다. 그리고 이 고도의 자격 범위 안에서 타자에 대한 편향심(傾向心)과 의뢰심(依賴心)과 아부심(阿附心)을 조금도 내지 말아야 할 것이다.

나의 자격이 만일 비열(卑劣)하면 여기에 주저앉아서 나의 가족 또한 비열하고, 나의 사회가 또한 비열하며, 나의 국가가 또한 비열할 것이다. 비열은 인류 멸망의 시작이라. 나의 당당한 하늘의 부여로 다대(多大)한 책임을 짊어진 자가 어찌 비열에 스스로 거하여 멸망을 자초할 것인가. 비열을 물리치고자 할진대 그 방법은 높고 먼 데 있지 않다. 다만 함께 공애심(公愛心)과 공익심(公益心)과 공분심(公憤心)으로써 나의 덕의(德義)를 확장하고 절의(節義)를 확고히 지켜 나의 뜻이 고상하고 나의 일이 고상하면 비열은 고상을 두려워하여 움츠러들 것이다. 비열이 이 고상을 보고 저절로 그 자취가 가리어질 것이니 고상은 사람의 고등자격이다.

〈요해〉

이 장에서는 사람의 자격을 논하고 있다. 오상준은 자격을 근본적 자격과 형식상 자격 두 가지로 나누면서 근본적 자격에 방점을 둔다. 근본적 자격은 덕업과 도의, 식견과 공용, 사상과 판단의 고등이고, 형식상 자격은 겉으로 드러난 사회적 지위에 따른 것이다. 근본적 자격은 자기마음[自心]으로부터 나오고, 형식상의 자격은 사회적 타자들에 의해 주어진다. 그러므로 형식상의 자격보다 근본적 자격이 우선하고, 이는 자심(自心)으로부터 그 득실이 결정된다. 근본적 자격을 얻는 방법은 사람 안에 고유한 영성의 결실을 맺어 온갖 번뇌와 풍상에 흔들리지 않음이다. 그러면 덕업과 도의, 식견과 공용(公勇), 사상과 판단이 고등이 되고, 또한 고등자격을 갖추는 것이 된다.

이 사람 자격의 고등은 광제창생과 보국안민, 그리고 지상천국을 이루는 근간이 된다. 이 고등으로써 우리 겨레를 구하는 것이고, 우리나라를 사랑하는 것이며, 이로써 우리나라 또한 고등한 자리에 위치하는 것이다. 근본적인 사회변화는 사람의 품격을 높이는 고등한 사람의 사회를 이룸에 있고, 고등한 사람의 근본적 자격을 이루어 나라의 독립을 이루어 내는 것은 천권의 영성운동이라 할 수 있다. 사회변혁은 영성의 고등자격을 갖추어야 가능하다. 우리가 고등한 자격을 갖춘다는 것은 공애심과 공익심과 공분심(公憤心)으로 나의 덕의(德義)를 확장하고 절의(節義)를 확고히 지키는 것이다.

제10장

의식주의 관계

의식주는 나의 생명과 관계된 것이다. 생명을 보존하지 못하면 나의 큰 뜻과 바람을 수행하기 어려운 까닭에 의식주에 주의하지 않을 수 없다. 그러나 오직 이에 전심전력하여 다른 것을 살피지 않는다면 나의 평생은 헛된 삶이라 말할 것이다.

우리는 통상 말하기를 육신의 의·식·주(衣食住)가 아니면 생활하기 어렵다 하여 항상 의식주를 주된 일로 삼고 있다. 그러나 다시 한 걸음 더 나아가 내 몸을 내 생명의 주체로 인식하고, 의식주를 생명 주체의 보조품으로 인식한다면 옷[衣]은 사람의 체온이 밖으로 나가는 것을 방지하는 조절품에 불과하고, 음식은 외부 물질의 단백질과 교질(膠質)[1]과 지방 및 전분의 양분을 취하여 사람에게 양분을 공급하는 비품(備品)에 불과하다. 또한 집[住]은 가옥의 총칭이니 사람을 안식하게 하고, 풍우한서(風雨寒暑, 바람·비·추위·더위)를 대비하는 효력에 불과한 것이다. 그러므로 내 몸의 주체 자격을 가장 중요한 본분으로 인식하는 사람은 의식주에 부역하는 관념이 자연히 감소한다.

그러나 세상의 행보[世步]가 날로 경쟁으로 치닫고 날로 형식에 치우쳐, 옷으로써 육체의 광채를 떨치고, 음식으로써 육체의 기력을 도우며, 주거의 호사로써 육체의 호화를 과시할 뿐 아니라 이로써 사람

1 교질이란 용액 가운데 분산되어 있는 끈끈한 성질의 원자로서 응집을 막는 성분을 지칭한다.

의 정도를 평가하고, 국가의 정치를 증거 삼으니[2] 세속이 숭상하는 말습(末習)[3]의 정도가 심각하다.

오호라! 나 또한 현 시대의 사람이라. 형식 경쟁의 반대 방면에 자리하여 같은 사람들로부터 고립되는 것은 곤란하나, 만일 나의 정신력을 이 풍습에 빼앗겨 순수하고 바른(純正) 도덕성과 순실한(純實) 근검·절약심으로써 하늘로부터 부여받은 바를 지키지 못한다면, 이는 나의 위치를 일찍이 의식주에게 넘겨주고, 나는 단지 헛된 위치만 점거한 사람이 되니 슬픈 사람이라.

의식주는 나의 생명과 관계된 것이다. 생명을 보존하지 못하면 나의 큰 뜻과 바람을 수행하기 어려운 까닭에 의식주에 주의하지 않을 수 없다. 그러나 오직 이에 전심전력하여 다른 것을 살피지 않는다면 나의 평생은 헛된 삶이라 말할 것이다. 오늘의 나의 책임은 무릇 어떠한 것인가. 우리 교[吾教]의 보국안민(保國安民)할 목적[4]을 최후까지 발전시킴도 나의 책임이요, 우리나라 사천년 기초를 최후까지 공고히 함도 나의 책임이니, 이와 같은 책임을 짊어지는 자가 어찌 의식주의 사리사욕에 골몰하여 대의리(大義理)와 대사업(大事業)을 돌아보지 않

2 흔히 사람들은 의식주의 호사로움을 기준으로 사람의 정도와 국가의 정치를 평가하는데, 오상준은 이를 비판한다.

3 말습이란 정치, 사회 문화 및 도덕 등 사회 풍습과 정신의 타락함이 극에 이른 말세의 풍습을 말한다.

4 오상준이 말하는 '우리 교'의 목적은 보국안민이다.

겠는가. 그러므로 의식주는 단지 생명 보존에 상응하는 것뿐임을 주의해야 할 것이다.

지사(志士) 또한 욕망이 큰 자이다. 그 역시 의식주의 세상 행복[世福]에 어찌 무심하겠는가마는 백 년이 못 되는 한평생에 있어 천만년의 명예를 받들고 천만인의 이익과 혜택을 이루기 위해 세상의 행복을 서두르지 않는 것이다. 오직 심력을 다하고, 좋은 풍습을 펼쳐 그 보람이 발현되는 때, 우리 교의 진리가 세계에 충만하여 만국의 풍화(風化)를 주장하고, 우리나라의 독립으로 말미암아 동서 양국이 평등하게 된 연후에 높은 수레를 비껴 타고 본가(本家)에 돌아와 온갖 세상 행복을 누릴 것이다. 그리하여 높고 큰 집[高樓巨閣]을 화원(花園) 가운데 높이 쌓고, 털옷과 비단옷을 옷장에 가득히 준비하며, 음식은 최고 요리로 삼시(三時)를 공양하면 의식주의 삼락(三樂)이 이에서 능가하는 것이 없을 것이다.

그러므로 의식주를 값없이 경영하면 의식주가 오지 않고, 오히려 세상일에 대하여 값만 많이 준비하면 의식주는 자연히 따라오는 것이다. 만일 의식주만 경영하다가 의식주는 얻지 못하고 다만 대장부 죽은 후사(後事)가 쓸쓸하고 적막하면 어찌 하겠는가.

가을바람은 머리를 스치는데 석양은 붉도다(臨風搔首夕陽紅).[5]

---

5 한시(漢詩), '臨風搔首夕陽紅'은 자신의 삶을 겸허히 성찰하는 은유시라 할 것이다. "漢江秋冷雁高飛 南國黃華媚夕暉 只是叢蘭催折盡 臨風搔首淚沾衣(한강의 가을은 저물어 가는데 무심한 기러기 떼 높이 날고 남국에 노란 국화꽃 석양에 아롱거리네.

〈요해〉

인간 삶에서 의식주 문제는 중요한 비중을 차지한다. 예나 지금이나 사람들은 의식주(衣食住)가 아니면 생명을 유지하지 못할까 두려워 이에 골몰한다. 그러나 의식주란 몸을 보호하고 유지하는 보조물에 불과하다. 즉 의식주는 생명을 보존하는 것이 주된 목적이고 인간의 책임을 다하기 위해 생명을 보존해 가는 것인데, 사람들은 오히려 거꾸로 의식주를 위해 평생을 살아간다. 이는 본말이 전도된 것이다. 몸이 옷보다 중요하듯, 의식주보다는 생명 주체가 중요하다.

이 장에서는 의식주가 인간 책임을 다하는데 필요한 보조품에 불과함을 제기하면서 우리의 책임은 우리 교의 보국안민 목적을 최후까지 발전시키고, 우리나라 사천년 기초를 최후까지 공고히 하는 것임을 강조한다.

당시 세상 사람들은 의식주의 사리사욕에 골몰하여 생명 활동의 큰 의리[大義理]와 큰 사업[大事業]은 돌아보지 않는다. 세상의 풍습은 경쟁으로 치닫고 사람의 통념은 날로 형식에 치우쳐 의식주의 호화로움에 따라 사람을 평가하고 국가의 정치를 재단하는 정도가 나날이 심해진다. 사람이 세상 행복에 무관심할 수는 없는 것이지만 그러나

다만, 이 난초 떨기 꺾이어 이러지니 가을바람은 머리를 스쳐가는데 눈물이 옷자락을 적시누나)."

뜻있는 자는 진정한 명예를 받들고자 하고, 천만인의 이익과 혜택을 이루기 위해 세상의 자기 행복을 서두르지 않는다. 오직 마음을 다하고 좋은 풍화를 펼쳐 진리가 세계에 충만하고, 만국의 풍화(風化)를 주장하며 우리나라의 독립을 이룸으로써 동서 모든 나라가 평등하게 될 때, 의식주도 자연히 따라오는 것임을 그는 강조하고 있다. 이는 사람들로 하여금 의식주에 연연하지 말고 먼저 진리의 풍화와 조선의 독립을 먼저 실현할 것을 촉구한 것이다.

제11장

위생

종교위생은 우리 겨레의 현재 목적에 더욱 필요한 것이다. 무릇 종교란 하놀(天)의 정신이요, 우리 겨레는 하놀(天)의 정신으로써 성립된 것이라. 우리 대한, 4천년의 뿌리 깊은 겨레가 어찌 품부 받은 성령 안에 종교분자가 없어 독립정신이 없고, 독립종교가 없으리오.

위생은 개인위생, 가족위생, 종교위생, 국가위생으로 나눌 수 있다. 위생은 생리적 문제에서 가장 중요하다.

개인위생은 육신위생과 성령위생으로 구분된다. 이에 위생의 대략을 이하에 기술하고자 한다.[1]

1. 육신 위생

의복과 음식과 거처는 항상 정결하게 해야 티끌과 먼지 가운데 유행하는 세균의 해를 받지 않을 수 있다. 세균은 독성이 있는 것이어서 음식이나 사람의 호흡기를 따라 체내에 섞여 들어가면 종기와 나쁜

---

1 서구 근대 위생은 개화기의 유행어였다. 서재필과 윤치호 등 19세기 말 개화파들은 위생을 문명개화의 척도로 표방하였다. 또한 1900년대 서양의 위생학은 신체 건강을 위한 새로운 담론을 만들어 냈고, 긍정적 가치로 자리매김되었다. 그러나 서구 위생은 일상을 재구성하는 것이어서 사람들의 저항과 불만을 낳기도 하였다. 또한 전통 생활양식의 생태 순환적 삶이 왜곡되고, 폄하된 측면도 없지 않다. 그러나 오상준은 육체적 위생뿐만 아니라 가족, 종교, 국가, 영성적 차원의 위생을 말하여 건강의 총체성을 제시하였다는 점에서 다르다. 이 위생 역시 서구 근대의 이행이 아니라 동학 입장에서 재구성한 것이라 할 수 있다.

질병에 전염되기 쉽다. 사람이 기혈이 충실할 때에는 오히려 그 해로움이 적지만 만일 기혈이 쇠약할 때에는 그 해로움이 극심하다.

음료와 식품은 보통 100도 이상을 끓여 먹되, 식수는 석회질 성분이 함유된 것은 마시지 말며, 부득이한 경우 100도 이상을 끓인 후 침전시키고 난 뒤에 마셔야 한다. 야채와 생과일과 생선 및 날고기는 미세한 기생충이 있기 쉽기 때문에 생으로 먹는 것은 좋지 않다. 밀과 콩은 쌀보다 자양분이 많고, 채소는 소화하기 쉬우나 자양분이 거의 없다. 술은 알콜 성분(에탄올의 독한 성분)이 쌀보다 14/100가 더 많고, 담배는 니코틴이라 칭하는 극약 성분이 있어 술과 담배를 지나치게 하면 좋지 않다. 실내에서 땔나무를 많이 태우면 탄소가 인간의 자양분 되는 산소(공기 중 수소를 기름)[2]를 감소시키거나, 협소한 실내에서 많은 사람이 함께 취침하고, 호흡하여 탄소를 서로 맞바꾸는 것 역시 매우 나쁜 것이다.

머리 부위는 항상 맑고 알맞게 서늘[清凉]해야 하며, 복부는 항상 알맞게 따뜻해야 한다. 그리고 몸은 항상 운동을 적절하게 해야 할 것이니, 운동을 과도하게 하면 오히려 몸에 해롭다. 육신의 위생은 크게 주의가 필요할 것이니 서양 격언에서 말하기를 "건강한 육체가 건강한 지혜를 얻는다."[3] 하였다.

---

2 개화기 서구 과학의 원소가 한국에 처음 소개될 때, 산소는 양기(養氣), 수소는 경기(輕氣), 질소는 담기(淡氣)로 번역되었다.

3 이는 잘 알려진 바와 같이 존 로크(J. Locke, 1632-1704)의 "건강한 신체에 건전한

2. 성령위생

성령은 형체가 없다. 형체가 없는 외침(外侵)을 받아 형체가 없는 마음병을 만드니 이를 예방하고 치유하는 방법은 사상(思想)에 있다. 우리 하늘[吾天]의 대 진리를 맛보아 나누어 받은 성령의 정도를 충만히 하여 외부 경계에 있는 탐음, 포악과 자만, 질투, 방종, 태만, 비열, 거짓과 속임을 예방하는 것이다. 이 모든 해로움이 일어날 때에는 청렴으로써 탐음을 다스리고, 충서(忠恕)로써 포악을 다스린다. 겸손과 사양으로써 자만을 다스리고, 자혜(慈惠)로써 질투를 다스린다. 검속(檢束)으로써 방종을 다스리고, 근면으로써 게으름을 다스리며, 공명정대함으로써 비열함을 다스리고, 신의로써 거짓과 속임을 다스린다. 오직 요소를 부여받은 성령 안에 폐해가 없기만을 경계로 하는 것이니 성령의 위생이 이와 같은 양법(良法)[4]으로써 되지 못하면 육신의 위생은 무효로[5] 돌아갈 것이다.

정신이 깃든다."를 인용한 것이다.

4 양법(良法)이란 양법미의(良法美意)의 준말로써 좋고 아름다워 사람의 마음을 즐겁게 해 주는 법을 의미한다. 여기서는 청렴, 충서, 겸손과 사양, 자혜, 검속, 공명정대, 신의 등의 법을 뜻한다.

5 『동의보감』에서는 인간이 수행을 통하여 '허심합도(虛心合道)' 즉 마음을 비우고 도에 합하지 못하면 다시 육체에 병이 들어 근본적 치유가 될 수 없음을 강조하는데, 오상준이 말하는 육신 위생과 성령위생 역시 이와 같은 맥락으로 볼 수 있다.

3. 가족위생

우리나라의 가족제도는 진한(辰韓)시대 6부(部)로부터 지금까지 성행된 제도이다. 이 단체는 순연히 뼈와 살[骨肉]처럼 만들어진 것이다. 효우친목(孝友親睦, 부모에게 효도하고 형제·자매들끼리 우애하며, 서로 친하여 화목함)으로 그 원기(元氣)를 일으키고, 사농공상(士農工商)의 정당한 직업을 택하여 그 자양을 얻되 어른[長老]은 아름다운 말과 선행으로 자제를 훈도하고, 자제는 어진 스승과 좋은 벗[賢師良友]을 따라 학문에 힘쓰면, 이로써 위업이 실추하지 않고 한 집안의 명성이 더욱 떨쳐질 것이다. 이것이 가족 단체에 대한 위생법이다. 가족은 국가의 기초이기에 가족이 부패하면 국가 또한 부패할 것이다. 이제 나라가 위태롭고 어려운 때를 당하여 외계로부터 받는 나라의 모멸이 곧 가족의 모멸이니 국가를 사랑하는 자, 어찌 가족의 부패를 염려하지 않겠는가. 세계로써 우리나라를 보면 우리나라 또한 한 가족인 것이다.

4. 종교위생

종교위생은 우리 겨레의 현재 목적에 더욱 필요한 것이다. 무릇 종교란 하늘(天)의 정신이요, 우리 겨레는 하늘(天)의 정신으로써 성립된 것이라. 우리 대한, 4천년의 뿌리 깊은 겨레가 어찌 품부 받은 성령

[性分] 안에 종교분자[6]가 없어 독립정신이 없고, 독립종교가 없으리오. 다만 독립정신으로 독립종교를 창립한 사람이 없어 우리 겨레가 항상 외국의 종교를 복종하며 우리나라까지 독립정신이 결핍되다가 우리 겨레의 행복으로 우리 교[吾敎]의 대종(大宗)이 우리 하늘[吾天]의 대 정신을 지키어 우리나라의 대 정신을 받드니, 우리나라를 사랑하는 사람은 반드시 우리 교를 사랑할 것이라. 우리 교를 사랑하는 자는 반드시 우리 교의 큰 전력(展力)을 자양(滋養)하고 대 전력(展力)이 입는 장애를 소방(消防)할 것이니, 이 자양법과 소방법은 나 개개인의 참됨[誠]과 믿음[信]에 다름 아니다.

5. 국가위생

국가의 위생은 곧 나의 위생이다. 국가는 나의 몸이요 나의 땅이니, 지금 내 몸이 허약하여 극한에 이르고, 나의 땅에 장애물이 총 집합하여 내 눈을 찌르며, 내 손을 펴지 못하게 하니 장차 어떠한 방법을 펴서 내 나라의 생존을 지키고, 나의 건강을 보호할 것인가. 그것은 곧 나의 뜨거운 피라. 국가의 혈맥에 주입하여 그 기운을 돕고 우리 교[吾敎]의 정신으로써 소독법을 만들어 저 장애물을 씻어 제거하면 내 몸이 반드시 맑고 깨끗하고 상쾌할 것이다. 또한 내 땅이 반드시 청결하

6 종교를 성분의 분자로 표현한 것은 서구 근대과학의 영향이라 할 것이다.

리니, 나의 몸 · 나의 땅은 나의 국가라. 내 국가를 위생함은 곧 나를 위생하는 것이다.[7]

〈요해〉

이 장에서는 근대 문명의 위생을 논한다. 위생은 서구적 근대어이지만 오상준이 말하는 위생의 개념은 몸뿐만 아니라 영성, 그리고 가족, 종교와 국가로까지 확대된 개념이라는 점에서 서구와 다르다. 오상준은 위생을 개인위생, 가족위생, 종교위생, 국가위생으로 나누고 개인위생을 다시 육신 위생과 성령위생으로 구분한다. 육신 위생은 의식주를 정결하게 하고, 세균의 감염을 막으며 기생충을 예방하는 것이다. 또한 음식은 날로 먹지 않고, 머리는 항상 맑고 서늘하게 하며, 배는 따뜻하게 한다. 그리고 항상 적절한 운동을 하는 것을 육신 위생의 주요사항으로 꼽는다. 또한 성령위생은 사상으로 마음병을 예방하고 치유하는 것이다. 마음은 흔히 형체가 없는 외침을 받아 상처

7 오상준이 쓰는 위생의 개념은 서구 근대의 위생 개념과 다르다. 국가의 위생은 곧 나의 위생이 된다는 것은 단순한 국가주의가 아니라 국가가 온전해야 나의 땅, 나의 몸, 나의 생활 터전이 유지된다는 역사적 경험을 토로하는 것이기 때문이다. 내 나라의 생존을 지키고, 나의 건강을 보호하는 것은 결국 나의 더운 피에 있고 피흘려 내 나라를 지킬 수밖에 없는 현실을 표현하고 있다.

받고 마음병에 드는 것이므로, 내 하늘[吾天]의 대 진리를 맛보아 그 품부 받은 성령을 충만히 하고, 탐욕과 비열 등의 마음병이 생겨날 때마다 청렴, 겸손, 자혜 등으로 다스리는 것이다. 가족위생은 효우(孝友)와 친목(親睦)으로써 그 원기(元氣)를 일으키고, 사농공상(士農工商) 등 각자가 정당한 직업을 택하여 그 자양을 얻는 것이다. 종교위생은 우리의 하늘정신을 보호하는 것이다. 여기서 종교란 곧 하늘(天)의 정신이요, 하늘정신은 4천년의 뿌리 깊은 우리 겨레에게 존속되어 온 정신이며, 우리 겨레는 하늘(天)의 정신으로써 성립된다. 우리 하늘(吾天)의 대 정신을 지키어 우리나라의 대 정신을 받드는 것이기에 우리나라를 사랑하는 사람은 반드시 우리 교(吾敎)를 사랑할 것이고 성(誠)과 신(信)으로 그 방법을 삼는다. 만약 하늘정신이 양법으로 보호되어 위생이 지켜지지 않으면 육신의 위생도 무효로 돌아갈 것이다.

국가위생은 곧 나의 위생이다. 국가는 나의 몸이요, 나의 땅이다. 침략당한 내 나라의 생존을 지키고, 나의 건강을 보호할 방법은 오직 나의 뜨거운 피를 국가의 혈맥에 주입하여 그 기운을 돕고 우리 교(吾敎)의 정신으로써 소독법을 만들어 저 장애물을 제거하는 것이다. 나의 피를 국가의 혈맥에 주입한다는 것은 죽음을 각오하여 나라를 지킴이고, 우리 교의 정신으로써 소독법을 만든다는 것은 하늘정신으로 우리 정신을 무궁히 향상시켜 나가는 것이다. 내 나라의 생존을 지킴으로써 나의 건강이 보호되고, 내 국가를 위생하는 것은 곧 나의 위생이 되는 것이다.

제12장

경제

'인민경제'란 인민의 공의적(公義的) 정신경제를 말한다. 자신의 정신은 다른 보수(報酬)로써 비교할 상대가 없는 것이다. 자기 정신력으로써 우리 교의 목적을 전진(展進)시키든지, 우리나라 독립을 회복한다든지, 우리 동포를 구제한다든지 함에서 단지 그 실지 효력을 그 보수로 인정하는 것이다.

경제는 인류생활에서 가장 긴요한 문제이다. 경제의 대략을 말하면 산업경제와 상업경제, 노심경제(勞心經濟)[1]와 노력경제(勞力經濟, 노동을 통한 생산경제), 그리고 국가경제 및 인민경제로 구분할 수 있다. 이는 모두 비교적인 구분이다.

'산업경제'는 사람이 어떤 업무에 종사하든지 현 물품의 귀천과 시의에 따른 물품의 형태 변경과 노동력 및 비용이 얼마인지, 그리고 가치의 수시 증감과 운송지의 편의 여부를 함께 계산하여 업무의 취사를 정하는 것이다. 또한 가정의 경상비와 임시비를 항상 소유재산에 대조하여 이에 상응하는 비용을 정하는 것이되, 만일 사치심과 방랑심을 이기지 못하여 과도한 지출액이 있게 되면 이는 산업의 실패와 사람의 멸망을 부르는 것이다.

'상업경제'는 소기업가(세공 및 개인 상업)와 대기업가(합명합자주식회사)를 무론하고 모든 상시자본(기계 등 영구자본)과 운송자본(유통금액

1 노심경제(勞心經濟)란 정신노동을 통한 생산경제를 말한다. 이는 현대사회에서 쓰지 않는 말이지만 정신적 차원의 경제를 포함시켰다는 점에서 동학 문명론의 특징을 보여준다.

등의 자본) 등이 기초를 이루며, 과거 소비 결과에 비추어 미래의 생산력의 증감을 예비하는 것을 돕고, 시세 응용의 정도에 따라 수요공급의 물품을 준비하는 것이다. 또한 시장 경기의 상승과 침체에 따라 판로의 넓고 좁음을 예측하고, 가치변동의 영향으로 투기 방법을 민활히 하는 것, 그리고 신용고객(단골)의 무형한 자본을 만듦과 개정(改正)한 경쟁의 유기적 활동에 대해서 수승한 기준을 잡는 것이다. 상업의 흥왕(興旺)에 따른 여파는 단지 개인생활에만 미치는 것이 아니라 국가부강과 관계됨도 오로지 여기에 있다.

'노심경제'는 도덕과 지식, 기예와 능력에서 기인하는 것을 말한다. 가령 도덕으로써 인심을 개량하여 추악한 습관을 제거한다든지, 지식으로써 학문을 발달시켜 특수한 모범을 작성(作成)한다든지, 기예로써 물품을 발견 · 발명하여 인민의 생산력을 증진시킨다든지, 능력으로써 괴이하고 악한 속임을 물리쳐 인민의 미혹을 해방시킨다든지 등 모든 심력이 과거와 현재에 대하여 비교적 효익(效益)의 얻음을 증명하면 경제상의 문제에서 최우승점을 얻는 것이 된다.

'노력경제'는 노력자[2]의 노동자본과 기업가의 보수 여하에 관한 비교상의 계산이다. 노력자의 생산력이 항상 기업가의 발흥력을 자본으로 하는 것이지만 기업가의 발흥력이 클 때에는 그 압제력이 노력계에 미치는 것으로서 가령 전력과 증기력으로써 노력자의 운반을 대

2 노력자는 오늘날의 노동자와 같은 의미로 보아도 좋을 것이다.

신하여 노력자가 영업을 잃게 되면 노력자의 생산력이 자연히 쇠퇴할 것이다. 그러므로 노력계에 자리하는 자는 미리 다수의 업무에 종사하여 단일한 업무에 치우침[偏長力]을 피하는 것이고, 육체노력자의 경제활동 또한 정신노력자의 보통교육에서 기원한다.

'국가경제'는 오로지 인민의 생존 발달을 목적 삼는 것이다.[3] 가령 학무를 확장하여 지식을 교육한다든지, 군사를 확장하여 외적을 방어한다든지, 청결법을 행하여 유행병을 예방한다든지, 제방을 건축하여 천재지변을 예비한다든지, 도로를 치수(治水)하여 운수(運輸)를 편리하게 한다든지, 관리를 두어 공익을 보호한다든지, 정치상 대개혁을 행하여 큰 기관을 변경시키는 것, 이 모두가 인민생활에 관한 비교적 경제에 불과한 것이다. 다만 국가경제가 개인경제와 다른 점은 각 정관에 명시된 지출에 비추어 세금을 거두어들이는 것에 있다.

'인민경제'란 인민의 공의적(公義的) 정신경제를 말한다.[4] 자신의 정

3 오상준이 말하는 국가경제는 오로지 인민의 생존 발달을 목적으로 한다는 것에 방점이 찍혀 있다. 국가가 인민을 동원하여 전쟁으로 내몰고 산업노동자를 양성하여 자본제국주의에 박차를 가했던 서구의 국가주의의 맥락과 다르다. 국가의 업무인 학무의 확장과 교육, 군사의 확장과 외적 방어, 청결법과 유행병 예방, 제방 건축과 천재지변의 예비, 도로 보수, 운수, 공익 보호, 정치상 대개혁 등 이 모두가 인민생활의 번영을 근간에 두는 것이다.

4 인민경제라는 말은 현대에서 사용하는 국민경제라 지칭할 수도 있겠지만 여기서의 맥락은 정신경제를 뜻하는 것이기에 다소 생소한 용어라 할 수 있다. 여기서 경제는 물질만을 기준으로 삼지 않는다. 요즈음 말로 "평화가 경제이다" 하는 것처럼 "공의적 정신이 경제"이다. 인민경제는 정신력으로써 우리 모두의 종교 목적을 진전시키고, 우리나라 독립을 회복하며 동포구제를 뜻하는 것으로

신은 다른 보수(報酬)로써 비교할 상대가 없는 것이다. 자기 정신력으로써 우리 교의 목적을 전진(展進)시키든지, 우리나라 독립을 회복한다든지, 우리 동포를 구제한다든지 함에서 단지 실지 효력을 그 보수로 인정하는 것이다. 효력이 성취된 후를 생각해 보면 다른 보상이 또한 오늘의 정신력에 과할 뿐이다. 그러므로 말하기를 공의적 정신경제는 재산 이익상의 경제보다 더 큰 자리를 점하는 것이라 한다.

〈요해〉

제12장에서는 경제의 내용을 개설적으로 제시한다. 경제는 산업경제와 상업경제, 노심경제(勞心經濟)와 노력경제(勞力經濟), 그리고 국가경제 및 인민경제로 구분된다. 산업경제에서는 사치와 방랑심으로 인한 가정 소비의 과도한 지출이 (가정)산업의 실패뿐만 아니라 사람의 멸망까지 부르는 것임을 강조하고, 상업경제에서는 상업의 흥왕(興旺)이 개인생활뿐만 아니라 국가부강과 관계되는 것이라고 말한다. 또한 노심경제를 말하는데, 노심경제란 도덕과 지식, 기예와 능력으

서, 이는 어느 경제보다 최대 위치를 점하는 것으로 지칭된다. 이는 국망 위기의 시대상황을 반영한 것이라 할 수 있고, 노심경제와도 맞물리는데 정신성을 경제에 포함시킨 것이 특징이다. 인민의 공의적 정신을 경제의 핵심으로 삼은 것은 자본주의로 치닫는 현대사회에 많은 시사점을 준다.

로 말미암는 경제를 말한다. 예를 들어 도덕으로 인심을 개량하여 추악한 습관을 제거하는 것, 지식으로 학문을 발달시켜 특수한 모델을 구성하는 것, 기예로써 물품을 발견·발명하여 인민의 생산력을 증진시키는 것, 인민의 미혹을 해방시키는 능력 등 모두가 심력(心力)에서 비롯되는 것이라 하여 이를 노심경제에 포함시키는 것이다. 흔히 경제라 하면 물적 방면만을 생각하지만 오상준은 일관되게 물심일치(物心一致)의 입장에서 인간의 정신적 측면의 활동이 경제문제에서 매우 중요한 요소임을 환기시킨다. 노심경제 역시 생소한 용어이지만 오상준이 말하는 경제 구분의 특성을 보여준다.

한편 노력경제는 노동자의 생산력에 따른 경제 분야로서, 노동자가 다양한 업무에 종사할 것을 권장한다. 만약 노동자가 단일한 업무에만 한정되면 생산력이 치우치게 되고, 육체노동자의 경제활동 또한 정신노동자의 보통교육에서 기원하는 것임을 밝히고 있다.

또한 국가경제란 인민의 생존 발달을 핵심 목적으로 삼는 것인데, 여기서 국가는 인민에 우선하는 것이 아니라 오히려 인민 생존의 수단일 뿐임을 강조한다. 이는 분명 오늘날 비판받는 국가주의와 맥락과 달리한다. 국가의 업무인 학무의 확장과 교육, 군사의 확장과 외적 방어, 청결법과 유행병 예방, 제방 건축과 천재지변의 예비, 도로 보수, 운수, 공익 보호, 정치상 대개혁 등 모두는 인민생활의 번영을 근간에 두는 것이다. 단지 국가경제가 개인경제와 다른 점은 국가는 세금을 거둔다는 것에 차이가 있을 뿐이다. 이러한 맥락에서 국가경제는 모든 개인의 경제를 돕는 방편이다.

끝으로 인민경제란 인민의 공의적(公義的) 정신경제를 말한다. 이는 곧 인민 각자의 공공성에 의한 경제를 의미한다. 현재 우리는 인민경제라는 말은 잘 쓰지 않지만 당시 오상준은 인민경제야말로 우리 정신의 목적을 진전시키는 것, 우리나라의 독립을 회복하는 것, 동포를 구제하는 것으로서 어느 여타의 경제보다 중요한 것으로 보았다. 인민경제의 구체적인 사항을 실현하는 정신력은 어떤 보상으로 상응될 수 있는 것이 아니라 단지 그 실현의 실지 효력 자체가 보상이 된다. 그러므로 공의적 정신경제는 재산 이익상의 경제보다 더 큰 자리를 점한다. 요컨대 산업과 상업, 노력과 노심, 국가와 인민경제는 인민의 생존과 정신 발달을 목적으로 하는 것으로서 상호 유기적으로 결합되어 있다.

제13장

국가

국가는 항상 개인적 생활과 사회적 생활 및 공동적 생활을 발달시키기 위하여 활동하는 것이다. 활동하는 기관은 행정과 사법 및 경찰이요, 이에 관한 주권은 1인 혹은 다수 및 국민 전체로써 이루어지는 것이 있다.

하늘(天)의 국가적 성질과 정신이 사람 성품 가운데 심어진 까닭에 각 개인은 이 성질과 정신을 단결하여 국가의 한 유기체를 집성하는 것으로서, 이 유기체는 능히 활동하고 능히 생장하는 기능이 있다.[1] 국가는 항상 개인적 생활과 사회적 생활 및 공동적 생활을 발달시키기 위하여 활동하는 것이다. 활동하는 기관은 행정과 사법 및 경찰이요, 이에 관한 주권은 1인 혹은 다수 및 국민 전체로써 이루어지는 것이 있다.

국가는 각 개인의 충실한 사상으로써 생장하는 것이다. 가령 미합중국과 게르만제국이 연방 제도로써 반(半) 독립국에 불과하다가 대외사건이 일어나자 국민이 일치단결한 실력에 힘입어 순전한 독립국 자격으로 세계에 출현한 것이 그러하다.

---

1 오상준은 블룬칠리의 국가유기체설에 영향을 받았지만 그가 말하는 국가란 천연적 성질과 정신이 사람 성품에 심어져 각 개인이 하나의 국가 유기체를 이루어나가는 것을 말한다. 그러므로 국가는 국민의 성질과 정신 여하에 의지하여 능히 활동하고 능히 생장하는 생명과도 같고 사회나 공동체뿐만 아니라 개인도 중시된다. 본 장은 블룬칠리의 『일반국법(Allgemeines Statsrecht)』 I부 1장에서 다루고 있는 '국가의 개념'과 관련지어 국가유기체의 개념을 재구성한 것이다.

국가유기체의 생활 생장은 타 유기체의 생활 생장과 다른 점이 있다. 다른 동식물은 일정한 기한 내에 생활하고 생장하며 쇠망하는 본래의 바탕이 있으나, 국가는 다만 국민의 성질과 정신 여하에 의지하여 생활하고 생장하는 느슨한 기한이 있다. 국민의 성질이 항상 학문으로써 문명의 정도에 이르고, 정신이 다른 민족에게 노예가 되거나 복종할 생각을 끊어 버리면 국가 생활의 씩씩한 기상이 고도로 약등할 것이요, 국가의 생장 범위 또한 세계에 대적할 자가 없을 것이다.

그러므로 비유하건대 유화를 업으로 하는 화가가 기름과 그림도구를 모은 후에야 산술로써 그림을 이루는 것과 같이, 사람의 뼈와 살과 피부가 모아진 후에야 종교정신으로써 인격을 이루는 것이 국민의 요점이다.[2]

사람의 천연적 성질과 천연적 정신으로써 국가라는 천연적 단체를 이루는 것에는 의문의 여지가 없는 까닭에 정치학자 아리스토텔레스도 말하기를 '사람은 천연적 정치동물'이라 하였으니 이는 개미가 무리를 이루고 벌이 군집을 이루는 것에서 충분히 증명될 것이다. 그러나 무릇 개미와 벌은 단체를 이루는 점에서 유사하거니와 사람은 이와 다르다. 사람은 일정한 토지에 종족이 서로 같고, 습성이 서로 같으며, 목적이 서로 같다. 또한 용모가 서로 같음으로써 단체를 이룬

---

2 뼈와 살과 피부가 모아진 후에야 종교정신으로써 인격을 이룬다는 것은 몸인 국가적 물적 토대가 이룩되어야 하늘의 정신도 펼칠 수 있다는 뜻이다.

다. 그런즉 하늘(天)이 본래 정한 이치를 어찌 사람의 작은 소견, 작은 힘으로써 이를 타파할 수가 있겠는가.

〈요해〉

오상준이 서구 근대 국가 체제에 관심이 있었던 만큼 본 장에서는 국가유기체론을 동학 사상을 바탕으로 설명하고 있다.

가장 주목할 대목은 국가가 개인들 모두에 의해 형성되는 집성적 유기체이고, 각 개인의 충실한 사상으로써 생장한다는 점이다. 하늘의 국가적 성질과 정신이 사람의 성품에 심어졌다고 말하는 것 자체가 국권회복이 자기 성품의 회복과 관련이 되고 나라 독립의 당위성을 설정하는 것이며, 국가와 개인이 유기체적으로 연결되었음을 동학적 사유로 이끌어낸 것이다. 다시 말해 각 개인은 이 국가적 성질과 정신을 단결하여 국가의 한 유기체를 집성하는 동시에 능히 활동하고 생장시키는 유기체적 기능을 갖는다는 것이다. 한편 국가 또한 항상 개인적 생활과 사회적 공동 생활을 발달시키기 위하여 활동한다. 국가 주권은 개인 1인 혹은 다수 및 국민 전체로써 이루어지기도 하는데, 오상준은 국민 전체로 이루어지는 국가 주권의 공화주의를 지향하고 있다. 사람은 일정한 토지에 따라 같은 종족, 같은 습성, 같은 목적, 같은 용모를 띠면서 단체를 이룬다. 국가의 3요소인 토지, 인민,

주권 가운데 토지가 가장 먼저 오는 것도 토지의 공간성, 지역성(local)에 따라 국민의 성질과 정신이 다양하게 발현되기 때문이다. 국민의 성질이 항상 학문으로써 문명의 정도에 이르고, 정신이 항상 다른 민족에게 노예가 되거나 복종할 생각을 끊어 버리면 국가생활의 기상은 고도로 약동한다.

제14장

우리나라[我國]

우리나라는 나와 나의 조상과 나의 종족과 나의 친척이 거주하며 생장하는 곳이요, 나의 묘지 터와 나의 가옥과 나의 토지가 있는 곳이다. 국토가 없으면 나도 없고 나의 조상도 없으며, 나의 종족도 나의 친척도 없을 것이요, 나의 묘지 터와 나의 가옥과 나의 토지 또한 없을 것이다. 그러므로 우리나라를 사랑하는 것은 나 스스로를 사랑하는 관념에서 기인한다.

우리나라는 나와 나의 조상과 나의 종족과 나의 친척이 거주하며 생장하는 곳이요, 나의 묘지 터와 나의 가옥과 나의 토지가 있는 곳이다. 국토가 없으면 나도 없고 나의 조상도 없으며, 나의 종족도 나의 친척도 없을 것이요, 나의 묘지 터와 나의 가옥과 나의 토지 또한 없을 것이다. 그러므로 우리나라를 사랑하는 것은 나 스스로를 사랑하는 관념에서 기인한다.

어떠한 나라를 막론하고 각 나라 사람들마다 각종의 구별이 있어서 서로 마을을 형성하며 부락을 일구어 사는 것이지만, 외국이 자기 나라를 침범하여 가장 귀중한 관계에 해를 끼치고 업신여기며 약탈을 행할 때에는, 어느 마을 어느 부락을 막론하고 자국의 사람 모두가 눈을 크게 부릅뜨고 분노의 팔을 걷어붙여 서로 분함을 이기지 못하는 것이다. 그러므로 말하기를 "저들의 나라가 우리나라를 침모하고 약탈하니 우리 무리가 어찌 편안히 옆에서 보기만 할 것인가." 하여 논의할 것도 없이 일치단결하여 극한의 힘으로써 저들의 나라를 방어할 것이다. 이는 자기 나라 사람의 자국적(自國的) 천연성이 스스로 내재해 있는 원리이다.

자기 나라는 곧 자신의 대표적 위치와 대표적 면목과 대표적 명망이 되고, 이로써 외부 민족을 대하는 것이다. 만일 자기 나라가 제국의 위치에 거하여 제국의 면목으로 제국의 명망을 떨치면 자신도 또한 다른 민족으로부터 제국인의 대우를 받아 자신의 위치 역시 제국인이 되고, 자신의 면목 또한 제국인이 될 것이다. 그러나 자신의 명망이 제국인이어도 만일 자기 마음[自心]이 자기 나라[自國]를 사랑하지 않아 자기 나라로 하여금 다른 나라의 명령 하에 세운다든지, 다른 나라의 비호 하에 내던지든지 하여, 제국의 위치와 면목과 명망을 잃는다면 이 영향으로써 말미암아 자신은 제국인이 아니라 자멸한 나라의 사람이 될 것이다. 자멸한 나라 사람은 다른 나라의 노예요, 자신은 제국인이 아니라 야만인이니 야만인은 다른 나라의 희생이 된다. 우리 자신이 이러한 경우에 있다면 자신의 당당한 하늘격[天格]이 어떻게 어떠한 면목으로 세상에 설 수 있겠는가.[1] 그러므로 우리 각자는 자기의 자국적 천성(天性)으로 자기 나라에 책임을 지고 자국에 적당한 정도(程度)를 향해 나아가는 것이니 여기서 정도란 제국의 나라요,[2] 제국의 사람을 뜻한다.

---

1 오상준은 우리가 나라를 잃으면 인간의 본연성이라 할 하늘의 품격[天格]도 지켜질 수 없음을 비장하게 말하고 있는데, 여기서 천격은 곧 천권의 자유를 수반한다.

2 사전적 의미로 제국(帝國)은 다른 민족을 통치하고 통제하는 정치체계를 뜻하지만 여기서 제국은 존망의 위기에 처한 대한제국의 생존을 염두에 둔 말로서 주권이 온전한 대한제국을 지칭한다.

〈요해〉

개인 각자는 자기 나라의 토지를 거점으로 고유한 생활세계를 형성해 간다. 나라마다 그 토지의 특성에 따라 다양한 특성이 형성된다. 토지, 인민, 주권의 국가 요소 가운데 토지를 으뜸으로 꼽는 것도 토지가 인민이나 주권에 우선하기 때문이다. 사람의 몸은 생물학적 몸뿐만 아니라 지각의 몸도 포함한다. 이 지각의 몸을 형성하는 것이 자기 나라인데, 자기 나라는 자신의 조상과 종족과 친척 등의 인적 환경과 묘지와 가옥, 토지 등의 국토를 포함한다. 즉 모든 나라의 각 사람들은 자기 나라의 사회적 지리적 환경을 통해 서로 구별되는 다양한 특성을 지니게 된다. 오상준은 이를 '자국적 천연성'이라 지칭한다. 또한 자국적 천연성은 개인 각자에게 내재된 천성이다.

우리가 나라를 잃으면 우리의 삶을 영위할 수 없음은 자명한 일이다. 그러므로 나라를 사랑하는 것은 나를 사랑하는 관념에서 기인한다고 할 수 있다. 만약 각 개인이 자국을 사랑하지 않으면 자멸한 나라의 사람이 되어 노예나 희생양이 될 것이며, 자신의 당당한 하늘격[天格]을 세상에 세울 수 없음은 명약관화하다. 더구나 일제에게 나라를 빼앗기고 삶의 터전을 상실한 당시 상황에서 국권의 회복은 우리에게 절체절명의 과제였다. 그러므로 오상준은 우리 각자가 자국적 천성(天性)으로서 우리나라를 책임지고, 대한제국의 제국인으로 나갈 것을 촉구하고 있는 것이다.

제15장

우리나라[我國]의 정신

비유하건대 나의 부모형제가 설사 덕의롭지 못한 일과 품행이 바르지 못한 일이 있어도 타인이 나의 부모형제의 빰을 때리고, 몸을 발로 차 내 부모형제의 권한이 크게 움츠러듦을 보면 내 심력(心力)을 다하여 저들의 폭력을 배척함이 옳겠는가, 그를 도와서 내 부모형제의 빰을 더 세게 때리고, 몸을 더욱 차는 것이 옳겠는가?

우리나라의 정신이라고 하는 이 특별한 문제는 우리나라 상황을 염두에 두고 불언(不言) 중에 그려낸 것이다. 이 문제의 관점은 예전의 미혹된 습관을 제거하여 현재에 새로운 각성을 낳게 하고자 하는 의미가 있는가, 아니면 현재[現時]의 비참한 지경을 당하여 훗날 평안한 경지를 얻고자 하는 의미가 있다 할 것인가? 그 의미의 핵심을 살펴보면 미혹된 습관을 타파한다는 것은 상황을 보는 사람들의 통상 언론에 불과한 것이고, 평안한 경지를 얻는다는 것은 나라를 걱정하고 염려하는 사람들의 혈심(血心)에서 우러나오는 한 정성이라 할 것이다. 바꾸어 말하면 이 문제는 '우국자(憂國者)의 혈심(血心)'이라 칭함이 옳을 것이다.

지금 나의 혈심(血心)은 무엇으로 말미암아서 이와 같이 격렬한 것인가. 비유하건대 나의 부모형제가 설사 덕의롭지 못한 일과 품행이 바르지 못한 일이 있어도 타인이 나의 부모형제의 뺨을 때리고, 몸을 발로 차 내 부모형제의 권한이 크게 움츠러듦을 보면 내 심력(心力)을 다하여 저들의 폭력을 배척함이 옳겠는가, 그를 도와서 내 부모형제의 뺨을 더 세게 때리고, 몸을 더욱 차는 것이 옳겠는가? 천성이 반이라도 있는 자라면 반드시 말하기를 "나의 심력을 다하여 내 부모형제를 구함이 옳다." 할 것이니 저들의 폭려(暴戾)를 모두 물리쳐 나의 형제부모를 구안(求安)한 후에야 내 가정에 대한 나의 정당한 도리가 다시 있을 것이다. 미래를 무론하고 단지 현재의 압제만을 보면 나의 혈심과 격노가 평시보다 백배를 가하게 된다. 자기 나라 상황에 대하여 자기의 혈심적 정신이 있는가 없는가. 자신의 혈심적 정신은 저들 압제자로부터 기인하는 것이다.

그러나 혈심적 정신이 항상 과도하게 치우쳐 일에 염려가 없지 않으니, 무엇으로써 이 정신을 과불급 없이 하고 또한 완전함을 얻게 할 것인가. 우리는 우리 교[吾敎]의 도덕정신으로써 이를 참작하고, 이를 적용함이 옳을 것이다. 우리 교의 정신 또한 보국안민(保國安民)에 있는 것이라. 자기 나라의 상황을 목도하고 어찌 편히 거하겠는가마는 황급히 사마귀의 성냄과 같이 스스로를 해함은 불가한 것이다. 일의 순서에 대하여 말하면 먼저 자기 나라의 생존과 완전에 대한 후보적 방침에 주의하고, 또 다른 한편으로는 저들의 망령된 행동을 꾸짖고 물리쳐 자기 나라의 면목과 기색이 다시 새롭게 생겨나도록 우리 하늘[吾天]과 하나 되어 깊이 주고받는 것이다. 우리 하늘의 고요히 합하는 마음 또한 스스로 자기 나라의 정신을 인용[認容, 받아들여 인정함]하는 것이다.

〈요해〉

우리나라의 정신은 근본적으로 보국안민에 대한 혈심적(血心的) 정신에 있고 우리 하늘과 고요히 합하는 마음에 있다. 이 장에서 우리나라의 정신을 특별하게 다루는 것은 나라를 걱정하고 염려하는 우국자의 혈심(血心)에서이다. 이는 당시 '저들의 압제'가 우리의 혈심과 격노를 더욱 가중시키는 망국의 위기적 상황을 반영한 것으로서 저들의 압제란 곧 일제의 침략을 의미한다. 본문에서 일제라는 말은 쓰지 않았지만 일제의 통제와 검열이 가해지는 현실이었기에 단지 압제라고만 표현했을 뿐이다. 오상준은 일제의 압제로부터 벗어나기 위해 심력을 다하여 나라를 구해야 하고, 그때에야 비로소 내 가정과 내 나라에 대한 우리의 정당한 도리가 행해질 것이라 말한다.

그러나 혈심적 정신이 과도하게 치우치면 일을 그르치기 쉽다. 혈심적 정신을 과불급이 없이 온전히 하기 위해서는 우리 정신을 중심에 세워야 한다. 우리 교[吾敎]의 정신은 보국안민(保國安民)에 있고, 보국안민은 먼저 자기 나라의 생존과 완전에 대한 방침에 주의함에 있다. 그리하여 우리 하늘(吾天)과 하나 된 정신을 이루어 침략자를 물리치고 나라의 면목과 기색을 다시 새롭게 살아나도록 하는 것이다. 즉 보국안민의 길이란 하늘과 합하는 우리 정신에 기초하여 구국의 방도를 찾는 것이다.

제16장

법률의 개요

우리는 자연법의 성질을 보전하여 인정법의 범위 안에 이를 세워야 한다. 마음이 도덕에 의지하여 자연법을 고수하고 몸이 근신을 유지하여 인정법에 저촉되지 않으면 우리는 고등이요, 우리의 영향으로 우리의 양어깨 위에 있는 우리 교[吾敎]와 우리나라[吾國] 또한 고등에 이를 것이다.

마음은 성령과 외물(外物)을 상대하는 양자 사이에서 생겨나는데, 여기에는 선과 악 두 가지 종류가 있다. 선으로써 사람을 교섭하면 이를 도덕이라 말하고, 악으로써 사람을 교섭하면 이를 금수(禽獸)라 말한다. 도덕은 사람이 감격하여 기뻐하는 것이요, 금수는 사람이 버리고 물리치고자 하는 것이다. 그러므로 도덕을 도와서 도덕의 범위를 확장하고, 금수를 물리쳐 금수의 범위를 축소시키는 것은 우리 교의 근본 취지(本旨)이고, 우리 교를 도와 우리 교의 본지(本旨)를 발달케 하는 것이 법률이다. 악이 발현하는 경우는 한둘에 그치지 않는 것인즉 이를 막고 물리치는 것 또한 한둘에 그치지 않을 것이다. 그러나 수많은 법률의 각 조목을 정통하는 것은 우리가 서두를 것은 아니지만 그 개략적인 것을 몰라서는 안 될 것이기에 이에 간략히 기술하고자 한다.

'자연법'은 사람이 이치를 헤아리기 전에 감각력이 직접 발현되는 것이다. 가령, 갑이 을의 소유를 빼앗거나 훔치는 것은 도리에 어긋난 행동임을 아는 것이다. 이 패행(悖行)에 대하여 사람마다 나무라고 폄하하며 비천하게 보는 것이 곧 자연법의 한 증거이다. 그러나 자연법은 명령하며 억제하는 권한이 없는 까닭에, 만약 저 패행자가 임의대로 하는 것을 방임하면 약육강식할 염려가 없지 않으므로 이에 자연법의 전부를 언어화하여 인정법(人定法)을 만드는 것이다. 그리고 여기에 비로소 법률의 형식이 갖추어지게 되는 것이다.

'인정법'은 자연법의 세력 신장에 지나지 않는다. 이 세력으로써 인권이 서고 국력이 생기는 것이다. 법은 대개 공법(公法), 사법(私法), 형법(刑法), 민법(民法), 상법(商法), 주법(主法), 조법(助法)으로 분류된다. 공법은 공동단체에 관한 이행법이요, 사법은 개인 자신에 관한 외리법(外理法)이다. 형법은 절도, 간음, 살상, 사기 등에 관한 특별법이요, 민법은 풍속, 예절, 채무에 관한 보통법이며, 상법은 상인 및 회사에 관한 것이다. 주법은 전국에 통행하는 법률로서 원래 정한 법률을 말하고, 조법은 재판, 처분, 청허(聽許), 선고 등에 관한 임시 적용법을 말한다. 그러므로 인정법을 쓰는 자는 마땅히 자연법 정신을 인용(引用)하는 것이다.

우리는 자연법의 성질을 보전하여 인정법의 범위 안에 이를 세워야 한다. 마음이 도덕에 의지하여 자연법을 고수하고 몸이 근신을 유지하여 인정법에 저촉되지 않으면 우리는 고등이요, 우리의 영향으로 우리의 양 어깨 위에 있는 우리 교[吾教]와 우리나라[吾國] 또한 고등에 이를 것이다. 그러므로 어진 스승[賢師]의 말에 사람은 법에서 태어나 법으로 성장하고, 법에서 늙고 법에서 죽는 것이니, 공기를 5분간 호흡하지 않을 수 있을지언정 법률은 1분간이라도 없을 수 없는 것이라 하였다. 서양 사람의 격언에도 "사람이 법률로 하여금 살찌게 하면 인격이 스스로 무(無)로 돌아간다."[1]하였다.

〈요해〉

이 장에서는 법률의 취지와 자연법에 입각한 인정법(人定法)의 개요를 말한다. 영성과 외물과의 관계에서 영성의 선한 마음으로 사람과 교섭하는 것이 도덕이고, 악으로써 사람과 교섭하는 것을 금수라 한다. 도덕을 도와서 도덕의 범위를 확장하는 것이 우리 교[吾教]의 본지(本旨)이며, 이러한 본지(本旨)를 발달케 하는 것이 법률의 목적이며 취지라는 것이다.

본래 서구적 개념으로서 도덕은 사회규범을 내면화하는 것이고, 법률은 국가의 강제력을 수반한 사회규범을 지칭하는 것이지만, 오상준이 뜻하는 도덕은 근본적으로 하늘과 합한 인간의 행위에서 비롯되는 선(善)을 지칭한다. 그리고 도덕을 도와서 도덕의 범위를 확장하는

---

1 여기서 인격이 무(無)로 돌아간다는 것은 개별적인 대상이나 형상(形相)이 없는 순수의식 상태로 돌아감을 말한다. 이 격언이 누구의 말인지는 알 수 없으나 '무'가 뜻하는 바는 하나 된 원융한 세계, 또는 비고 신령한 마음을 비추어 내는 실재(實在)의 본질을 의미한다고 볼 수 있다. 이는 불교의 공(空)에 가까운 말인데 당시 서양은 공(空)을 무(無)로 표현한 경향이 짙고, 쇼펜하우어나 하이데거의 작품에서 보이는 무(nothingness)가 그 용례의 하나라 할 것이다.

것이 우리 고유의 가르침이자 최고의 가르침으로서 우리 교의 근본 취지이고, 이를 발전시키는 것이 법률이라는 것이다. 이를 바꾸어 말하면 우리 교는 자연법을 내포하는 것이고 이를 확장시키는 것이 법률이다.

법은 선을 확장시키고 악의 발현을 막아 물리치는 것으로, 이는 크게 강제적 권한이 없는 자연법과 권한이 부여된 인정법으로 나뉜다. 자연법은 강제가 없는 것이기에 이를 성문화하여 인정법을 만드는 것이다. 그러므로 인정법은 사람이 자연법을 인위적으로 성문화하여 제정한 것으로서 자연법의 세력 신장에 지나지 않고, 이 세력으로써 인권이 서고 국력이 생기는 것이다. 또한 자연법의 성질을 보전하여 인정법의 범위 안에 세우고, 마음이 도덕에 의지하여 자연법을 고수하며, 몸이 근신하여 인정법에 저촉되지 않으면 우리는 고등이요, 그 영향으로 우리 교[吾敎]와 우리나라[吾國] 또한 고등에 이르는 것이다. 요컨대 법률의 정신은 선에 있고, 자연법의 정신을 보존하는 것이 그 존재 목적이다. 그러므로 문명한 국가는 하늘과 합하는 도덕과 선을 확장하는 법률을 근간으로 한다.

제17장

인민과 국민

국민은 곧 우리(吾人)이다. 우리는 우리나라 범위 안에 있는 정치적 단결이니 우리의 성질이 곧 우리나라의 성질이요, 우리나라의 정신이 곧 우리의 정신이다.

인민이란 인류의 우연한 집합으로 말미암아 인민이 되는 것은 아니다. 그 인민 됨의 가치를 이루기까지 여러 시대에 걸쳐 풍속이 발달하고, 실험과 심리상으로 변천된 특질과 문화가 자자손손에게 유전된 후에야 비로소 인민 되는 자격을 이루는 것이다. 인민이 일체되는 요소는 대개 종교와 국어에 있다고 말할 것이나 오히려 종교로써 한 나라 사람[一國人]이 상호 적대시하는 폐해가 생기고, 국어로써 우리 정신이 저들의 정신을 빼앗는 원인이 되니 인민의 원리를 아는 자는 반드시 종교와 국어를 주의할 것이다.

(증거) 인도의 바라문교와 불교는 나라가 같고, 언어가 같으며 인종이 같되 신앙이 서로 같지 않은 까닭에 서로 적대시하여, 그 영향으로 자국의 멸망을 초래하였다.

(증거) 원래 인종이 같지 않은 사람이라도 점차 필요로 인하여 새로운 언어를 사용할 때에는 부지불식 중에 그 정신이 혼합되고 변화되어

일치된 인민이 된다. 프랑스의 켈트족, 프랑크족, 부르군트족[1]은 동일 언어로 말미암아 모두 다 프랑스인이 되었다.

국민은 곧 우리[吾人]이다. 우리는 우리나라 범위 안에 있는 정치적 단결이니 우리의 성질이 곧 우리나라의 성질이요, 우리나라의 정신이 곧 우리의 정신이다. 그러므로 우리의 지각과 학문이 유치할 때에는 우리나라 또한 유치하며, 우리나라의 정도와 위치가 건장할 때에는 우리 또한 건장하다. 우리의 수명이 영구할 시에는 우리나라 또한 장구한 생명을 얻으며, 우리나라의 운명이 사망할 시에는 우리 또한 생활을 얻을 수 없는 것이다. 우리와 우리나라가 붙어 있음이 우리 몸의 뼈와 살이 서로 붙어 있음과 같아 살아도 분리할 수 없고, 죽어서도 분리할 수 없는 관계가 있다.

우리나라를 우리 몸으로 인식하는 우리들이여. 우리 몸을 사랑하는 영향으로 우리나라를 완전케 함이 옳은가, 우리나라를 사랑하지 않은 영향으로 우리 몸을 멸망시킴이 옳은가? 우리의 사상(思想) 위에서 자신(自身)과 자기 나라[自國]가 진보하기도 하고 퇴보하기도 하는 것이다.

1 원문에서는 세루도 인종, 후란구스 인종, 빠루간데안 인종으로 표기하고 있다. 이는 오늘날의 현대어로 표기하면 켈트족, 프랑크족, 부르군트족이다.

(증거) 미국이 영국 범위 내에 있어 학정(虐政)을 받다가 워싱턴이 의병의 군기를 들어 대중을 모으니, 이때 모인 사람 모두가 미국 사상과 미국 정신을 가진 미국 국민이다. 그들은 미국 범위로써 영국 범위를 바꾸어 신선한 정치와 면목으로 세계의 상등을 차지하였다.

(증거) 베트남 군주 익종(翼宗)[2]과 권간(權奸, 권세를 가진 간사한 신하)이었던 완문상(阮文祥)[3]이 악정치를 국내에 행하여 국민의 국민 되는 정신을 소진하다가 프랑스 영지(領地)를 면치 못하였다. 저 완문상의 죄는 다시 말할 것도 없지만 또한 완문상의 범위 안으로 들어가 자성자각(自省自覺)의 자기 정신이 없었던 베트남 국민 또한 그 죄가 없지 않다.

무릇 국가는 국민의 사상 가운데서 나오는 것이다. 국민의 사상이 있으면 영국 수하에 있던 미국이 영국의 머리 위에 거하고 국민의 사상이 없으면 베트남의 독립이 프랑스 통치하로 들어가니 현재 세계인의 사상이 미국 국민을 거울삼음이 옳으랴, 베트남 국민을 벗함이 옳으랴? 우리는 당당한 제국(帝國) 대한민(大韓民)이라.

---

2 익종(翼宗)은 베트남 응우옌 왕조의 제4대 군주(1847-1883 재위)이다. 그는 보수주의와 쇄국정책을 고수했다. 19세기 중반 베트남의 가톨릭 교도가 45만 명으로 늘어나자 그는 대대적인 탄압을 가했고, 1840~1860년까지 유럽인 선교사 25명과 베트남 성직자 300명, 그리고 2만여 명의 신도가 희생되었다. 그러나 1861년 프랑스가 침범하자 1862년 그는 항복하여 프랑스와 베트남 간의 불평등 조약인 사이공 조약을 체결하였다.

3 익종은 완문상을 숙청하려 했지만, 오히려 그에 의해 독살되었고, 끼엔푹 황제가 그를 대신하여 옹립(1883) 되었다.

〈요해〉

인민과 국민은 구별된다. 인민은 여러 시대에 걸쳐 형성된 풍속과 특질적 문화가 후손에게 계승되면서 이루어지는 것이라면, 국민은 인민의 정치적 단결체이다. 국민과 국가는 우리 몸의 뼈와 살과 같기에 살든 죽든 양자는 분리될 수 없는 관계이다. 인민의 일체성을 형성하는 요소로는 종교와 국어가 가장 큰 비중을 차지하고, 국민을 단결시키는 것은 우리 정신에 있다.

국민은 곧 우리이다. 우리의 성질이 곧 우리나라의 성질이 되고 우리나라의 정신이 곧 우리의 정신이 된다. 우리의 지각과 학문이 건장해야 우리나라도 건장하고, 우리의 수명이 영구해야 나라 또한 장구한 생명을 얻는다. 우리와 우리나라는 하나된 생명유기체이다. 그러므로 우리나라를 사랑함은 우리 몸을 사랑하는 것이고, 우리 몸을 사랑한다는 것은 곧 우리나라를 완전케 함이다. 또한 우리의 사상을 통해서 나와 우리나라가 진보하고 퇴보하기 때문에 우리나라의 진보 역시 우리의 사상의 발전을 통해 이루는 것이다.

본 장은 오상준이 블룬칠리의 『일반국법』 II부 1장 '민족(nation)'과 '국민(volk)'의 개념을 동학에 바탕 하여 인민과 국민의 개념으로 개진한 것이다. 오상준은 우리와 우리나라의 유기체적 관계를 우리 몸의 뼈와 살이 서로 붙어 있는 것과 같다고 비유한다. 국민과 국가를 뼈와 살에 비유한 것은 서구 국가유기체설에서는 볼 수 없는 독창적인 국가관이다. 이는 국민과 정부를 지체와 머리에 비유하여 상하 위계질서를 강조한 서구와 달리, 국민에 의해서 국가가 결정되는 민중 중심적 공화주의 국가를 지향하는 것이기 때문이다. 따라서 애국을 강조하는 것도 국민을 국가를 위한 수단으로 보아서가 아니라, 국민을 위해 국가가 있고 국민의 애국정신에서 국가 또한 보존된다고 보기 때문이다. 그러므로 오상준은 국가 존폐의 위기를 앞두고 살아도 분리할 수 없고, 죽어서도 분리될 수 없는 관계가 국민과 국가의 관계임을 천명하면서 '우리나라를 우리 몸으로 인식하는 우리는 우리 몸을 사랑함으로써 우리나라를 완전케' 해야 한다고 말한다. 우리는 곧 국가이기에 국가는 국민의 사상 가운데서 나오는 것이고, 국민의 사상이 있으면 나라가 독립하는 것이니, 우리의 사상으로 당당한 대한 제국의 민이 되자는 것이다.

제18장

개인과 단체의 관계

실심(實心)으로 연구의 힘을 다하여 마음 생각에 이치의 근원[理源]이 흐르고 통하도록 하면, 어떤 방면에서 어떤 일을 경영하든지 사상(思想)이 분출하여 큰 강물을 이룰 것이다.

개인은 곧 '우리 한 사람'이니 우리 겨레 2천만인의 자기(自己)가 모두 '우리 한 사람'이다. '우리 한 사람'의 범위 안에는 우리 사람이 있고, 우리 교가 있으며 우리나라가 있다. 우리 교는 천단(天團)이요, 우리나라는 지단(地團)이요, 우리는 인단(人團)이다. 이 삼단(三團)[1] 가운데 어느 하나라도 없으면 우리의 생활이 없고, 운명(運命)도 없는 것이기에 그 원인을 사량(思量)하지 않을 수 없다.

현재 우리의 책임으로 말하자면, 우리가 사적 개인[私個人]으로 있을 때와 공적 개인[公個人]으로 있을 때의 책임이 각각 다르다. 사적 개인의 책임을 말하면, 사농공상(士農工商)의 정당한 업무에 종사하면서

---

1 수운은 천지인(天地人)삼재(三才)를 동등한 관계로 설정했다. 천(天)은 근본이 되고, 지(地)는 바탕이 된다. 그리고 인(人)은 천을 근본 삼고 지를 재료로 삼아 하늘의 작용을 이루는 주체로 보았다. 천지인 삼재는 평등한 관계로서 솥의 세 발과 같아 어느 하나라도 없으면 성립될 수 없다. 이는 천을 중심으로 지와 인이 종속되는 주역의 천지인 삼재와 차이가 있다. 오상준은 수운의 삼재를 삼단(三團)으로 응용하여 우리 교[吾敎]를 천단(天團), 우리나라[吾國]를 지단(地團), 우리 사람[吾人]을 인단(人團)으로 재정립하였다. 그리고 이 삼자는 솥의 세 발처럼 서로 의존하고 서로 도우는 관계로서 이 가운데 어느 하나라도 없으면 성립될 수 없는 것으로 보았다.

인의(仁義)와 도덕(道德)의 고명한 품행을 스스로 지니면 가히 충분한 인격(人格)이라 일컬을 것이다. 또한 공적 개인의 책임을 말하면, 내 종교와 내 국가에 대하여 공익심(公益心), 공의심(公義心), 공덕심(公德心), 공무심(公務心), 공용심(公勇心), 공분심(公憤心), 공법심(公法心)을 돈독히 지키고 발현하여 실행함이다.

그리하여 우리 교(천단)와 우리나라(지단)가 고등한 위치에 거하고 고등한 면목에 오르며 고등한 행동이 있기를 혈심(血心)으로 힘쓰고 강력(强力)으로 힘쓴다면 가히 우리가 충분한 공격(公格)이라 칭할 것이다.

개인으로 말미암아 공적 단체(公團)의 이익과 명예, 위치와 가치가 있는 것임은 더 말할 필요가 없으나, 공단(公團)으로 말미암아 개인의 이익과 명예, 위치와 가치가 있음 또한 분명한 원리이다. 만일 우리가 야만인의 열등함에 스스로 거하여 자심(自心) 위에 우리 교[吾教]가 없고, 자심 위에 우리나라[吾國]가 없다면 우리의 이익은 타 문명인에게 점탈(占奪)되어 우리의 생활은 지탱되지 못할 것이다. 또한 우리의 명예와 위치, 가치가 열등[下等]으로 추락하여 타 문명인으로부터 노예의 대우와 금수(禽獸)의 대우를 면하지 못할 것이니 이 어찌 통곡할 일이 아니겠는가.

개인의 정도(程度)로 말하면, 세계의 고등문명으로 산다는 미국인이라도 오히려 야만인을 면하지 못하는 사람이 있는 것은 천연이 정한 이치이다. 단지 미국이라 칭하는 공단(公團)의 명예와 공단의 위치, 공단의 가치로 말미암아 야만인을 면하지 못한 저 한 개인이지만 문명국인이라 칭함을 받는 것은 나라의 명의(名義)[2]를 얻은 것이기 때문이다.

슬프다! 오늘날 우리의 정도가 야만인이라 칭하기 불가한 지위에 있는데, 어찌 다른 민족의 모멸과 업신여김의 대우를 이와 같이 받는 것인가. 이는 공단심(公團心)이 확고하지 못하고, 공단력(公團力)[3]이 강하지 못한 까닭이니 우리는 생각해 보아야 할 것이다. 개인으로 말미암아 단체의 명예와 세력이 생겨나는 것도 있고, 단체로 말미암아 개인의 명예와 세력이 생겨나는 것도 있다. 이로써 개인의 인격 고하를 감정(鑑定)할 수 있다.

나 한 개인으로 말미암아 우리 교와 우리나라의 대 단체(大團)가 고등한 명예와 세력이 생겨나기를 도모할지언정, 우리 교, 우리나라의 비호 하에 있으면서 구차하게 천식(喘息)만을 이어갈 수는 없을 것이다. 그런즉 나 한 개인에 관한 재료를 준비함이 옳은 것이니 실심(實心)[4]으로 연구의 힘을 다하여 마음 생각에 이치의 근원[理源]이 흐르고 통하도록 하면, 어떤 방면에서 어떤 일을 경영하든지 사상(思想)이 분출하여 큰 강물을 이룰 것이다. 이는 심리상 공부에 효력을 얻는 것이니 만일 이러한 심리상 공부에 뜻을 둘진대 우리 교의 무형의 철학보다 뛰어난 것이 어디 있을 것인가.

---

2 여기서 명의(名義)란 어떤 일이나 상황에서 공적인 이름을 말한다.

3 공단심과 공단력은 공적 단체심과 단결력을 말한다.

4 여기서 실심(實心)은 곧 진심(天心)이다.

〈요해〉

나 한 개인은 삼단(三團)을 아우른 존재로서, 2천만 겨레가 나 한 사람에 있고, 우리 교가 있으며 우리나라가 있다. 그러므로 나는 우리 하늘과 우리나라와 우리 사람을 책임지는 한 사람이다. 우리, 우리 교, 우리나라는 각각 인단(人團), 천단(天團), 지단(地團)의 삼단(三團)으로서, 이 가운데 어느 하나라도 없으면 우리 각자의 삶도 없다.

나 개인은 사적 개인과 공적 개인으로 존재한다. 사적 개인으로서의 책임은 각자의 직업에 종사하여 자기의 정당한 품행을 지켜 나가는 것이고, 공적 개인으로서의 책임은 하늘정신으로 우리나라와 우리 사람에 대해 공익심, 공의심, 공덕심, 공무심, 공용심, 공분심, 공법심을 지키고 발현하는 것이다. 우리가 우리 하늘과 우리나라가 고등한 면목과 행동에 이르도록 나의 혈심(血心)과 강력(强力)을 힘쓴다면 나 개인의 인격은 곧 공격(公格)이라 일컫게 될 것이다.

사적 개인으로 말미암아 공적 단체[公團]의 이익과 명예, 위상과 가치가 결정되고, 공적 단체로 말미암아 개인의 이익과 명예, 위상과 가치가 있게 된다. 우리가 다른 민족으로부터 침략과 멸시를 받는 것은 공단심(公團心)이 확고하지 못하고, 따라서 공단력(公團力)이 강하지 못한 탓이다. 그러므로 오상준은 우리 정신의 분출은 우리 교의 무형의 철학으로 회복함보다 뛰어난 것은 없을 것이라 말하는 것이다.

제19장

나와 우리 교와 우리나라의 관계

우리 교는 하놀(天)의 정신이다. 하놀(天)의 정신으로써 나의 감각력(感覺力)을 얻고 나의 자양분을 얻는 것이다. 감각력으로써 명예를 받들고 자양분으로써 육신을 이바지하니, 나의 기본이 되는 우리 하놀[吾天]과 우리 하놀의 대표되는 우리 교를 어찌 모시지 않으며 의뢰치 아니할 것인가 나는 우주 간에 있는 당당한 한 사람이다. 내 자신의 범위를 충만히 하고 그 책임을 지며, 직업을 따라 그 세력을 넓히면 내 육신의 평생이 백 년을 스스로 기약하고, 명예의 평생이 만년을 스스로 기약할 것이다. 그러므로 어찌 사람에 복종당하고 사람을 의뢰하며, 또한 어찌 사람을 능멸하고 모욕하겠는가.

하지만 비록 그러할지라도 우리 교를 섬기고 의뢰치 아니함은 불가하다. 우리 교는 하늘(天)의 정신이다. 하늘(天)의 정신으로써 나의 감각력(感覺力)을 얻고 나의 자양분을 얻는 것이다. 감각력으로써 명예를 받들고 자양분으로써 육신을 이바지하니, 나의 기본이 되는 우리 하늘[吾天]과 우리 하늘의 대표되는 우리 교를 어찌 모시지 않으며 의뢰치 아니할 것인가.

우리나라도 또한 가히 섬기고 가히 의뢰할 것이다. 우리나라는 우리 땅과 우리 가족이니, 우리 땅이 아니면 우리 몸이 어느 곳에 살 곳을 정할 것이며, 우리 가족이 아니면 바람과 비, 추위와 더위[風雨寒暑]의 외부 침입을 어떻게 감내하겠는가. 그러므로 우리 땅을 공고히 하고 우리 가족을 완전하게 하기 위하여, 병역(兵役)으로서 사지(死地)를 피하지 않고, 세역(稅役)으로서 마땅한 세금의 분담을 필히 바치니 이 또한 내가 나를 사랑[自愛]하는 마음에서 기인하는 것이다.

그런즉 우리 교, 우리나라에 대하여 마땅히 심력(心力)과 체력(體力)을 다하려니와, 무릇 섬김과 의뢰는 나의 주체가 되는 위치를 스스로 비우기 쉽다. 나의 주체 되는 위치를 스스로 비우면 우리 교, 우리나라에 대한 관념 또한 미세해지기 쉬운 까닭에 나의 주체에 대한 자격과 우리 교, 우리나라에 관한 의무를 양쪽으로 나누어 먼저 나의 주체 자격을 충분히 성취해야 할 것이다. 그리하여 도덕(道德)과 지각(智覺)과 의기(義氣)와 성심(誠心)을 특별히 배양하여 인격을 천격(天格)으로 바꾸어야 할 것이다.

그러나 사람이 만일 말하기를 "우리 교는 형체가 없는 단체[無形團]요 우리나라는 유기적 단체[有機團]이니, 무형의 단체를 우리 마음으로써 이루고, 유기적 단체를 우리 몸으로써 힘씀은 원래 정한 이치인 것이다. 그런즉 나의 심신(心身)을 양쪽에 실어 나누어 우리 교를 섬길 시에는 마음은 나가되 몸은 물러날 것이고, 우리나라에 힘쓸 시에는 몸은 나아가고 마음이 물러날 것이니, 나의 심신(心身) 효력이 어찌 양자 모두 온전함을 얻겠는가. 단지 우리 교를 섬길 시에는 마음이 몸을 아울러 우리나라는 아직 잊혀진 곳[忘域]에 두고, 우리나라에 힘쓸 시에는 몸이 마음을 아울러 우리 교를 아직 망역[忘域]에 둠이 옳다" 하면 나는 반드시 말할 것이다. "내 마음은 곧 우리 교, 우리나라이라. 궁천극지(窮天極地, 하늘과 같고 땅과 같아 끝이 없는 것)한 우리 교를 마음 머리에 실으면 우리나라는 이미 우리 교의 목적 중에 포함된 것"이라 할 것이다.

〈요해〉

이 장에서는 나와 우리 교, 그리고 우리나라와의 관계를 논한다. 나는 우주의 한 사람으로서 나의 범위는 우주로 충만하고, 그 우주에 책임을 지고 힘씀은 곧 우리 교와 우리나라를 섬기고 의뢰함이다. 우리 교는 형체가 없는 단체[無形團]요, 우리나라는 유기적 단체[有機團]이다. 따라서 무형의 단체를 우리 마음으로써 이루고, 유기적 단체를 우리 몸으로써 부림은 원래 정한 이치이다. 내 마음은 곧 우리 교이고, 우리 교를 마음에 실으면 우리나라는 우리 교의 목적 중에 자연히 포함되는 것이다. 그러므로 나와 우리 교, 우리나라는 하나이다.

우리 교는 하늘정신으로써 우리 하늘을 대표하는 것이고, 우리의 감각력과 자양분을 이로부터 얻는 것이다. 또한 우리나라는 곧 우리 땅과 우리 가족이기에 우리 땅을 공고히 하고 우리 가족을 완전하게 하기 위해 병역과 납세에 힘쓰는 것이며 나를 사랑하는 마음에서 외침을 막는 것이다. 그러므로 우리 교에 심력을 다하고 우리나라에 체력을 다할 것이지만 먼저 주체로서의 나의 위치와 자격을 충분히 성취해야 한다. 내가 주체되는 마음이 곧 우리 교, 우리나라이기에 도덕과 지각, 의기와 성심을 배양하여 나의 인격(人格)을 천격(天格)으로 바꾸는 것이다. 천격, 즉 하늘격이란 하늘을 체받아 천도를 행하는 체천행도(體天行道)에서 드러난다. 체천행도는 김구 선생이 동학에 처음 입도하여 가르침을 받았을 때 동학을 한마디로 정의한 말이기도 하다.

제20장

우리 교와 우리나라의 관계

우리 교가 있으면 우리 마음이 있고 우리 마음이 있으면 우리나라가 있다. 그런즉 우리나라의 충실한 생활을 어찌 다른 방면에서 구하겠는가. 우리 마음의 소개로 우리 교를 교섭하면 우리 교의 준비는 안으로 우리의 힘을 기르고, 밖으로는 저들의 힘을 물리칠 것이다.

우리 교는 하늘(天)이요, 우리나라는 땅(地)이니 우리 교와 우리나라의 관계를 논하면, 천지교태(天地交泰)[1]라 칭할 수 있다. 우리 교의 실력으로써 우리나라의 한 분자(分子)[2]가 되는 우리를 개량하는데, 선심(善心)으로써 악심(惡心)을 바꾸고, 문명으로써 야매(野昧)를 바꾸며, 분발심으로써 유약한 마음을 바꾸고, 자립심으로써 의뢰심을 바꾸는 것이다. 이는 곧 국민의 고등자격을 이루는 것인 동시에 우리나라를 크게 준비함이다. 우리나라에 대한 우리 교의 효력을 비유하면, 초목이 봄바람을 맞이함과 같다. 저 추운 겨울철 약한 초목들이 수많은 눈서리를 맞아 심히 황폐하고 쓸쓸하게 쇠락하다가 동짓날 밤 큰 종소리 하나가 천지를 진동한 후에 한 점의 봄 마음이 만 가지 초목의 생맥(生脈)을 도움과 같다. 또한 다시 한 번 나아가고 두 번 나아가, 3월 따스한 바람[陽風]이 크게 화하여[太和] 불어 움직이면, 초목은 푸르

1 천지교태란 주역 태괘(泰卦), "하늘과 땅이 화합하여 편안하니 만물이 생성과 소통을 이룬다"에서 따온 말이다. 오상준이 말하는 우리 교와 우리나라는 각기 천(天)과 지(地)로서 천지일체의 관계에 있다.

2 여기서 분자는 물질의 최소단위라기보다 한 구성원을 의미한다.

고 꽃은 붉게 피어 번화하리니 이 만 가지의 붉고 푸름이 어디로부터 따라 오는 것인가. 이 붉고 푸름은 봄 마음, 봄의 자취와 더불어 세상에 발현된 것에 지나지 않는다.

그런즉 우리나라의 재건도 우리 교의 효력이요 우리 교의 희망도 우리나라의 자립이니, 우리 교와 우리나라의 관계는 천지가 서로 교합함[天地相交]과 같음이라.

우리 교와 우리나라는 황금 4천근을 지불해도 떨어지지 못할 관계에 있으니, 우리 교는 한(韓)의 땅에서 태어났음이요, 우리 한(韓)은 2천 2백만 년 후 지구가 파괴되기 전까지는 영원히 충실하게 생활할 것이라. 우리 한(韓)의 생활이 충실한 이상에는 우리 교와 우리나라가 서로 분리됨을 허락하지 못할 것이니, 우리 교와 우리나라의 긴요하고 중요한 관계는 우리 마음 가운데에 맹약되어 있다.

만일 다른 나라 사람이 우리를 능멸하고 침범할 때에는 우리 교의 분한 마음[憤心]이 일어나 눈을 부릅뜸이 번개와 같고, 노기 띤 주먹이 뒤에 있으리니 저 외인(外人)은 우리 교를 아는가 모르는가. 우리 교는 하늘의 능력[天能], 하늘의 힘[天力]을 의지하여 우리를 천부(天府)[3] 가운데에 안배하는 것이니, 너희 외인들아, 너희 힘이 극강하여 학주(壑舟)[4]는 짊어지고 가려니와 우리는 털끝 하나도 빼앗지 못할 것이다.

---

3 천부(天府)는 천연자원이 풍부하고 기름지고 비옥한 땅을 의미하지만 본문에서는 하늘의 땅을 의미하는 우리나라를 지칭한 것으로 보인다.

4 학주(壑舟)는 산골짜기에 숨긴 배를 말한다. 이는 『장자』「대종사(大宗師)」의 "배

생각해 볼지어다. 우리 마음에 있는 고유한 우리나라는 비록 모든 산을 파괴할 강력한 힘일지라도 능히 빼앗지 못하고 능히 침범하지 못할 것이니, 우리 마음은 우리 교가 조성하는 것이다. 우리 교가 있으면 우리 마음이 있고 우리 마음이 있으면 우리나라가 있다. 그런즉 우리나라의 충실한 생활을 어찌 다른 방면에서 구하겠는가. 우리 마음의 소개로 우리 교를 교섭하면 우리 교의 준비는 안으로 우리의 힘을 기르고, 밖으로는 저들의 힘을 물리칠 것이다. 그러므로 우리나라가 보존하고 보존하지 못하는 것은 오직 우리 교의 가르침과 가르치지 못함에서 증거 된다.

〈요해〉

앞 장에서는 나와 우리 교, 그리고 우리나라가 삼단(三團)으로서 상호 분리될 수 없는 것임을 말했다. 본 장에서는 삼단 가운데 우리 교와 우리나라의 관계에 대해서 말한다. 우리 교는 하늘(天)이요 우리나

를 산골짜기에 숨기고, 산을 늪 속에 숨겨 말하기를 이제 완벽하다고 말하지만 그러나 한밤중에 힘센 자가 짊어지고 달아나도 어리석은 자들은 알지 못한다."는 이야기에서 따온 것이다. 요지는 사람이 영원히 살 것 같지만 변화하는 조화의 힘은 피할 수 없다는 뜻인데, 오상준은 홍미롭게도 학주를 짊어지고 가는 힘센 사람 조차도 조선을 털끝 하나 빼앗을 수 없다고 말한다.

라는 땅(地)이니, 우리 교와 우리나라의 관계는 천지일체로서 천지의 교합과 같다는 것이 이 장의 요지이다.

우리 교란 우리 땅에서 생겨난 하늘 정신으로서, 우리나라를 보존하는 힘이다. 우리 교의 실력으로 우리는 자신을 개량해 나가고, 국민의 고등자격을 이루어 우리나라를 준비하는 것이다. 그리하여 우리나라의 재건도 우리 교의 효력에서 비롯되고, 우리 교의 희망 또한 우리나라의 자립이기에, 우리 교와 우리나라는 결코 분리되거나 둘일 수 없다. 우리 교가 있으면 우리 마음이 있고, 우리 마음이 있으면 우리나라가 있다. 우리 마음은 우리 교가 조성하는 것이다.

우리 교라는 것은 천도교라는 한 종파를 지칭하는 것이 아니라 우리나라를 지탱하고 발전시키는 천격의 힘을 뜻한다. 우리 교가 펼쳐지지 못함을 염려하는 것은 오직 나라의 존망이 우리 교에 달려 있기 때문이지 천도교라는 종교인의 교세 확장을 걱정하는 것이 결코 아니다. 우리 교가 펼쳐진다는 것은 우리 정신이 살아 움직인다는 의미이고, 우리 교가 살아 있으면 우리 교의 힘으로 망해 가는 나라를 재건하고 독립할 수 있음이다.

우리나라에 대한 우리 교의 힘은 마치 추운 겨울철 약한 초목들에게 불어오는 봄바람과 같다. 우리 교의 목적 역시 우리나라의 독립에 있고, 우리나라의 독립을 위해서는 우선 우리 교에 의해 우리나라의 한 구성원인 나 자신이 먼저 개량되어야 한다. 나를 개량한다는 것은 곧 우리나라를 개량하는 것이 된다. 개량이란 악심(惡心)을 선심(善心)

으로, 야만을 문명으로, 유약한 마음을 분발심으로, 의뢰심을 자립심으로 바꾸는 것이다.

우리 정신이 있는 한 우리나라는 살아 있는 것이고, 우리 교가 살아 있으면 우리나라는 보존되는 것이다. 우리나라의 존망은 오직 우리 교가 가르침과 가르치지 못함에 있고, 우리 교의 가르침과 준비는 곧 독립군 양성이자 독립운동이다.

제21장

우리 교인의 의무

지구가 나아가는 대 방면이 인류계로 인허를 얻었으나 이후로는 오직 생존경쟁과 지혜경쟁, 세력경쟁과 이익경쟁에 그칠 뿐, 도덕경쟁으로써 기세를 크게 이룰 자가 드물었다. 하늘(天)이 이를 심히 염려하여 우리 교로써 인류계에 임하시고, 겸하여 우리 교인에게 도덕경쟁의 의무를 특별히 부여하셨으니, 이 의무는 곧 우리 교인 각자 안에 있는 고유한 책임이다.

지구가 나아가는 대 방면이 인류계로 인허를 얻었으나 이후로는 오직 생존경쟁과 지혜경쟁, 세력경쟁과 이익경쟁에 그칠 뿐, 도덕경쟁으로써 기세를 크게 이룰 자가 드물었다. 하늘(天)이 이를 심히 염려하여 우리 교로써 인류계에 임하시고, 겸하여 우리 교인에게 도덕경쟁의 의무를 특별히 부여하셨으니, 이 의무는 곧 우리 교인 각자 안에 있는 고유한 책임이다. 이 책임에 관한 본분을 대략 말하면 자기로부터 세계 모든 만물에 이르기까지 직접과 간접을 무론하고 전부가 우리 교인의 책임 범위의 밖으로 벗어나는 것이 없다.

장차 우리가 나아가야 할 이른바 도덕경쟁은 어떻게 나타나고 어떠한 능력을 지니는 것인가. 무릇 도(道)라는 것은 나 자신이 구비한 천도(天道)로써 상대방에게 보급하는 것이요, 덕(德)은 상대방의 감열심(感悅心, 감격하고 기뻐하는 마음)이 나를 상대하는 것이다. 또한 경쟁은 내가 미는 힘으로써 상대방이 미는 힘을 물리치는 것이 아니라, 다만 내가 밖으로 펼치는 천도의 범위가 점차 확대되어 상대방의 구역에 이르는 것이다. 그리하여 상대방의 구역이 자연히 축소되다가 필경에는 이 천도(天道)의 범위에 들어오는 것을 말한다. 이것이 곧 도덕경쟁의 현상과 능력이다. 어찌 교(敎) 밖의 사람들이 하는 혈투로 승부를 겨루거나 운우(雲雨)를 번복[1]하는 사태가 있겠는가.

의무 실행의 효력은 세계 만인으로 하여금 하늘 빛[天光]을 우러르고 천언(天言)을 들으며, 천성(天性)을 따라서 하늘이 준 천직(天職)에 이바지하고, 천전(天典)[2]을 지키는 것이다. 그리하여 하늘(天) 외에는 마음을 놓지 않으며 하늘 외에는 반걸음도 옮기지 않으면, 세계는 하늘세계[天界]요 세상사람[世人]은 하늘사람[天人]이며 세상만물[世物]은 하늘만물[天物]이다. 둥그런 지구의 태생과 난생, 식생, 그리고 화생[3] 등, 이 모든 만물은 순연히 우리 교의 도덕 가운데 있는 한 하늘[一天]인 것이다.

이 경우에 있어 하늘(天)을 우러르면 하늘(天)도 순연히 우리 교의 도덕천(道德天)이요, 땅을 굽어보면 땅(地)도 순연히 우리 교의 도덕지(道德地)이다. 개인을 보면 개인도 순연히 우리 교의 도덕적 개인이요,

---

1 운우를 번복한다는 것은 시비를 제대로 판단할 수 없는 것을 말한다.

2 천전(天典)은 글자 그대로 하늘 법전이라 할 것이지만 여기서는 하늘이 정한 본성으로서의 자연법을 지칭한다.

3 생물이 태어나는 형태에는 태생(胎生), 난생(卵生), 습생(濕生), 화생(化生)의 네 가지가 있다. 태생은 모체 안에서 어느 정도 발달을 한 후에 태어나는 것을 말하고 난생은 알이 모체의 몸 밖으로 배출되어서 알 속의 영양만으로 발육하여 새로운 개체가 되는 것을 말한다. 또한 습생은 습한 곳에서 태어나는 것을 말하는데 뱀, 개구리, 모기, 귀뚜라미, 쥐며느리 등이 여기에 속한다. 끝으로 화생이란 어떤 생물의 조직이나 세포 따위가 재생이나 생리적 변화로 인하여 아주 다른 형체로 변하는 것을 말한다. 식물의 잎이 바늘이나 덩굴손으로 변화하는 것과 같은 경우가 그러하다.

국가를 보면 국가도 순연히 이 우리 교의 도덕적 국가라. 그런즉 사람의 작은 부분[小部分]적 생존으로 누구를 향하여 경쟁을 하고, 사람의 작은 부분적 지혜로 누구를 상대하여 경쟁하겠는가. 또한 사람의 작은 부분적 세력이 누구를 향하여 경쟁을 하고, 사람의 작은 부분적 이익으로 누구를 대하여 경쟁하겠는가. 그러므로 우리 교인의 의무는 사람의 작은 경쟁심을 없애고, 우리 교의 대 경쟁지가 없기까지 큰 미래, 큰 효력을 스스로 기약하는 것에 있다.

〈요해〉

앞의 20장에서 우리 교가 우리나라의 보전과 밀접한 관계가 있음을 강조했다면, 본 장에서는 좀 더 구체적으로 우리 교인의 의무를 말하고 있다. 우리 교인의 의무는 한마디로 도덕경쟁이라고 오상준은 말한다. 지구의 진화가 인류계로 향하여 왔으나 인류가 다만 생존경쟁과 지혜경쟁, 세력경쟁과 이익경쟁에 그칠 뿐, 도덕경쟁의 기치(旗幟)를 세우는 자는 없었다는 것이다. 이에 우리 교인이 나아갈 바는 도덕경쟁으로서, 이 의무는 우리 교인 각자가 맡아야 할 고유한 책임이며 자기로부터 세계 모든 만물에 이르는 범위를 자기 책임의 범위로 한다.

도덕경쟁에서 도(道)라는 것은 나 자신이 구비한 천도(天道)를 상대방에게 보급하는 것이고, 덕(德)이란 이로써 상대방의 감열심이 나를 향하는 상호작용을 말한다. 도덕경쟁이란 혈투로 승부를 겨루는 것이 아니라, 다만 내가 펼치는 천도의 범위가 점차 확대되어 상대방의 구역에 이르러 상대방의 구역이 천도(天道)의 범위로 들어오는 것을 말한다. 우리가 오직 하늘마음을 지켜 하늘 외에는 반걸음조차도 옮기지 않는다면, 세계는 하늘세계요 세상사람은 하늘사람이며 세상만물은 하늘만물이 된다. 이 모두가 하나의 하늘[一天]인 것이다. 요컨대 도덕경쟁이란 인간의 천인화(天人化)이고 세상의 천국화(天國化)이다.

제22장

우리나라 사람의 의무

우리나라의 현재 상황을 볼 때, 우리나라 사람의 참 의무는 결단코 애국(愛國) 두 글자에 불과하다. 우리나라 사람은 유년, 장년, 노년을 막론하고, 각자의 혈심혈맹(血心血盟)으로 애국 두 글자를 굳게 지켜야 한다.

우리나라는 하늘(天)의 정신과 땅(地)의 기초와 우리[吾人]의 심력(心力)으로써 성립된 것으로서, 하늘(天)의 정신과 땅의 기초는 우리나라 4천년 역사상에 그 증거가 스스로에 내재해 있는 바이다. 다만 우리의 자강(自强)하고 굳센 심력이 백번 꺾이어도 돌이키지 않고[百折不回] 만 번 죽어도 바꾸지 않으면[萬死不改], 광대한 의무가 자연히 신장할 것이다.

혹 말하기를 '우리의 강하고 굳센 장래 희망이 우리나라의 안녕과 보유[保維, 보호하고 유지함]에 있는가?' 라고 묻는다면 반드시 아니라고 말할 것이다. 만약 우리가 외국인에게 복종한다면 우리나라는 안녕할 것이요, 반대로 불복종한다면 나라는 안녕하지 못할 것이라고 할 때, 우리는 차라리 명예가 있는 멸망을 취할지언정 명예롭지 못한 안녕은 취하지 않을 것이기 때문이다. 그런즉 우리의 장래 희망이 어찌 우리나라 안녕에만 있다 하겠는가.

또다시 그러면 '우리나라로 하여금 세계강국을 만들어 우리나라의 일거일동(一擧一動)의 영향으로 능히 두 대륙 간의 정치관계를 만들고자 함인가?' 하고 묻는다면 역시 아니라고 답할 것이다. 만일 강국으로 하여금 다른 나라를 압제하기 위해 그 힘을 사용한다면 다른 나라가 반드시 병력으로써 저항하든지 아니면 민력(民力)으로써 저항하든지 하여 결코 그 압제를 편히 받을 리가 만무하기 때문이다. 저 나폴레옹 1세와 같은 대 호걸이라도 프랑스로 하여금 구라파를 지배하는 패권[霸業]을 능히 세우지 못하였고, 러시아와 같은 강국이라도 능히 터키를 복종시키지 못하였다. 또한 오스트리아가 영구히 이탈리아를 간섭하지 못하여 독립을 승인하였으니, 강국도 또한 우리가 뜻하고 원하는 것이라 칭하기 부족한 것이다.

그러므로 국가의 외교 수단이 민활하여 대외적 이익을 경쟁하든지, 고등정치를 행하여 문화가 점차 향상되든지, 육군을 양성하여 국방을 견고히 이루든지, 해군을 확장하여 해상권을 세우든지, 다시 한 걸음 물러나 단지 경제상 주의로 목축국 · 농업국 · 공업국 · 상업국을 만들든지, 또는 퇴보하여 중립평화국으로 국경 외의 관계는 한 치의 세력도 없고 오로지 국내 정치[內治]에 급급하여 국외(局外)에 중립을 보장하든지, 이 모두는 우리나라 사람의 참 의무가 아니다. 통상 언론에서 말하는 것으로서 개인 자신에 대한 병역의무나 징세의무, 교육의무도 또한 현재 우리나라 사람의 참 의무가 아니다.

우리나라의 현재 상황을 볼 때, 우리나라 사람의 참 의무는 결단코 애국(愛國) 두 글자에 불과하다. 우리나라 사람은 유년, 장년, 노년을 막론하고, 각자의 혈심혈맹(血心血盟)으로 애국 두 글자를 굳게 지켜야 한다. 우리 성품이 애국성(愛國性)이 아니면 있지 못하게 하고, 우리 마음이 애국심이 아니면 있지 못하게 하며, 우리의 언어가 애국어가 아니면 말하지 말 것이다. 또한 우리의 일이 애국의 일이 아니면 하지 말며, 노래가 애국가가 아니면 부르지 말 것이다. 학문이 애국이 아니면 가르치지 말고, 서적이 애국이 아니면 보지 말 것이다. 종교가 애국이 아니면 숭배하지 말고, 업무가 애국이 아니면 따르지 말며, 관직이 애국이 아니면 맡지 말 것이다. 내 나라 산천(山川)을 보거든 애국의 눈을 열고, 내 나라 동포를 보거든 애국의 정을 표하며, 일어나고, 거하고, 앉고, 눕는 모든 활동에 애국을 잊지 말며, 희로애락에 애국을 잊지 않아 필경은 애국의 땅에 도달하는 것에 우리 2천만인의 참 의무가 있다. 그러나 집집마다 일러서 말하는 것은 어려운 상황임에 우리 2천만인에 대하여 무슨 방법으로써 애국, 두 글자를 마음에 받아 얻게 할 것인가. 우리 2천만인도 하늘(天)의 정신으로써 생성한 사람이요, 우리 교도 하늘(天)의 정신을 대표한 것이다. 우리 교의 정신으로써 우리 동포를 결합하면 개개인 마음속에 반드시 애국 두 글자가 들어와 애국혈(愛國血)이 생길 것이니 우리나라를 사랑할 자는 먼저 우리 교의 이치를 들음이 옳다.

〈요해〉

우리 교인의 의무가 도덕경쟁이라면 우리나라 사람의 의무는 애국이다. 우리나라 사람의 참 의무는 애국(愛國) 두 글자에 불과하다. 앞에서도 언급한 것처럼 우리나라는 우리의 하늘정신과 우리의 땅과 우리의 심력으로 성립되는 것이고, 우리의 강력한 심력을 신장시키는 것은 우리나라의 안녕과 보유만을 위한 것도 아니며, 세계강국이 되어 다른 나라를 압제하기 위함도 아니다. 오직 천인의 천국화에 있다.

국권을 강탈당한 당시의 시대 상황에서 오직 우리나라 사람의 의무는 애국 두 글자에 불과하다고 오상준은 말한다. 남녀노소를 막론하고, 각자가 혈심혈맹(血心血盟)으로 애국을 굳게 지켜 나가고, 일체의 모든 것을 애국에 중심을 두는 것이다. 즉 애국성(愛國性)이 아니면 있지 말게 하고, 애국심(愛國心)이 아니면 있지 못하게 하여 우리의 언어가 애국 언어가 되고, 우리의 일이 애국의 일이 되며, 우리의 노래가 애국가가 되도록 하는 것이다. 그리하여 모든 활동에 애국을 잊지 않아 필경은 애국의 땅에 도달하는 것이 우리 2천만인의 참된 의무라는 것이다.

그런데 여기서 중요한 것은 애국은 하늘정신에서 비롯된다는 점이다. 하늘정신이란 우주만물을 나로 인식하고 나의 범주로 삼는 것이다. 우리 동포도 하늘정신으로써 생성된 사람이기에 하늘정신으로 우리 동포를 결합하면 당연히 개개인의 마음 속에 애국열이 생길 것이기 때문이다. 그러므로 우리 나라를 사랑할 자는 먼저 하늘정신인 우리 교를 들어야 한다고 오상준은 말한다.

제23장

도덕

도덕이 없으면 인류는 존재할 수 없고 도덕이 있고 나서야 인류도 있는 것이니, 도덕의 범위 내에서 우주가 생겨나고 세계가 생겨나는 것이다. 도덕 범위 안에서 그 구별을 논하면, 첫째는 박애(博愛)요, 둘째는 정의(正義)이다.

도덕(道德)은 인류의 유일한 더없이 중요한 문제이다. 도덕이 없으면 인류는 존재할 수 없고 도덕이 있고 나서야 인류도 있다. 도덕의 범위 내에서 우주가 생겨나고 세계가 생겨나는 것이다. 도덕 범위 안에서 그 구별을 논하면, 첫째는 박애(博愛)요, 둘째는 정의(正義)이다. 박애는 동형(同形)과 이형(異形)의 모든 동물과, 동혈(同血)과 이혈(異血)의 모든 사람을 막론하고 이 모두가 자신과 일치됨을 인식하여 광제주의(廣濟主義)를 널리 일으키는 것이다. 또한 정의는 친하고 소원하며 가깝고 먼 것[親疎遠近]에 따른 차별사상[1]을 내포한다. 효도는 우리 부모를 섬기는 도리요, 우애와 친목은 우리의 가족을 대하는 정한 이치이다. 친구 간에 상호 신뢰가 있음[朋友相信]은 우리 사회에 대해 마땅히 행할 바요, 손님과 주인의 의용[賓主儀容]은 타 종족을 교섭하는 태도와 몸가짐이며, 이로써 예절을 삼는 것이다. 박애는 도덕상 종교적 성질이라 할 수 있고, 정의는 도덕상 정치적 면목이라 칭할 수

1 여기서 차별사상이란 관계의 다양성에 따른 다름의 차별성을 뜻한다. 박애가 일체성의 평등을 말한다면, 정의는 개별적 관계의 다양성을 내포한다.

있다.[2]

그러나 박애주의자도 정의를 함께하지 않으면 공허로 돌아가고, 정의주의자도 박애가 없으면 편협하게 된다. 인류 경쟁이 극한에 이른 오늘의 이 시대에 처하여서 우리는 박애와 정의의 용도를 참작하지 않을 수 없다.

박애를 종교의 고유한 성질로 인정하고, 공의(公義)를 정치의 응용 방법으로 지정함은 비평가의 통상 언론이다. 다시 그 실제상의 이유를 말하면 종교가는 자기 범위 내에 있어서 무궁한 박애를 작용할지언정 타종교 단체에 대해서는 엄연히 이 정의의 면목이 많고, 정치가는 법인의 범위 밖에서 확고한 정의를 논할지언정 범위 내에서의 행동은 순연히 이 박애주의를 쓰는 것이다. 종교가의 박애 가운데 있는 정의와 정치가의 정의 가운데 있는 박애는 각각이 상황에 따라 그 베

---

2 동양전통의 학문은 경학과 역사, 제자백가와 윤리 및 정치를 포괄하는 것이었고, 이는 곧 문학(文學)으로 지칭되었다. 서구에서의 문학은 문자로 쓰이거나 서적으로 인쇄된 모든 언어를 의미했다. 즉 사상을 언어화하여 문자로 표현한 것은 모두가 문학이다. 그러나 일제가 'literature'를 문학으로 번역하면서 기존의 문학의 개념을 문예로 축소시켰다. 조선도 일본의 영향을 받아 문학을 문예라는 의미로 쓰는 경향이 보편화되었다. 이에 만해는 전통 경전이나 국가, 사회, 개인의 윤리, 도덕, 정사(政事), 병농(兵農) 등 만반의 사리를 밝힌 모든 문학이 학문에서 배제되게 됨을 비판한 바 있다(한용운, 「심우장 만필」, 『한용운전집』 1, 신구문화사, 1973, 193-196쪽). 만해는 이러한 문제의식을 가지면서 불교를 근대학문인 철학과 종교에 편입시켜 불교의 성질을 종교적 성질과 철학적 성질로 나누어 보았다. 그러나 오상준은 도덕을 인류의 근간으로 놓고, '도와 덕'을 종교적 면목과 정치적 면목으로 나누어 보았다는 점에서 만해와 다르다.

푸는 작용이 확연히 다르다.

한편 도덕의 범위 내에는 개인 도덕과 단체 도덕이 있다. 개인 도덕은 자기 마음을 스스로 재단하는 것이기에 안정이 없다. 자심이 포악하고 방종하여 혈기를 망령되게 하기도 하고, 그 마음병을 제거하기 위하여 참된 마음으로 하늘에 기도하기도 한다. 또한 짐승을 전생의 종족으로 인식하여 그 짐승을 삶고 굽는 것을 차마 보지 못하기도 하고, 눈 덮인 산에서 길을 잃어 얼어 죽는 사람이 있을까 두려워하여 충견의 등 위에 따뜻한 술을 실어 보내기도 하니 이는 개인의 수준이 높다 할 것이다. 단체 도덕은 종교단체로서의 하늘 도덕[天道天德]을 말한다. 이 단체가 동쪽으로 옮겨 옴에 요사스러운 기운을 소각하고, 이 단체가 서쪽으로 옮겨 옴에는 상쾌한 기운을 섭취함이라. 단체 안에서 내면을 돌아보아 사람마다 하늘의 복을 조성하고, 단체 밖에서 외부를 보아 세세한 장애를 방어하니 모든 인류가 함께 충족하는 것은 이 단체 도덕이다. 그러므로 "도덕의 영역(領地)이 정치의 영역보다 훨씬 넓고 크다."고 말하는 것이다.

〈요해〉

도덕이란 흔히 인간이 지켜야 할 도리나 바람직한 행동 규범을 뜻한다. 법이 외적 규제를 가하는 데 비해, 도덕은 내적 규제로 작동하는 사회규범이다. 오상준은 서구 근대적 개념으로서의 도덕보다는 전통적 개념인 도체덕용으로서의 도덕 개념을 취한다. 이는 단지 사회규범의 내면화가 아니라 우주와 인간의 근본을 파고드는 개념으로 사용된다. 그러므로 도덕(道德)은 인류의 유일하고 더 없이 중요한 근원적인 문제인 동시에, 도덕이 없으면 인류는 존재한다고 할 수 없다. 도덕이 있고서야 인류가 존재하는 것이다. 도덕의 범위 내에서 우주가 생겨나고, 세계가 생겨나기 때문이다.

도덕은 박애와 정의 두 영역으로 구분된다. 박애는 모든 인간과 만물이 자신과 일치됨을 인식하여 광제창생(廣濟蒼生)을 널리 일으키는 것을 말하고, 정의는 친소원근(親疎遠近)에 따른 다양한 도리를 의미한다. 박애가 보편적 일체를 대상으로 한다면 정의는 다양한 차별적 상황을 대상으로 한다. 박애는 도덕상 종교적 성질이라 할 수 있고, 정의는 도덕상 정치적 면목이라 칭할 수 있다. 그러나 박애도 정의를 함께하지 않으면 공허로 돌아가고, 정의 또한 박애가 없으면 편협하게 된다. 인류 경쟁이 극한에 이른 시대에 처하여 박애를 종교의 고유한 성질로 인정하고, 공의(公義)를 정치의 응용 방법으로 지정함은 당대의 비평이다.

또한 도덕의 범위에는 개인 도덕과 단체 도덕이 있다. 개인 도덕은 자기 마음을 스스로 재단함에서 나오고, 단체 도덕은 종교단체로서의 도덕을 말한다. 종교단체 내에서 사람마다 내면을 돌아보아 하늘의 복을 조성하고, 종교단체 밖에서 외부를 살펴보아 세세한 장애를 방어한다. 그러므로 모든 인류가 함께 충족하는 것은 이 하늘 도덕이고, 도덕의 영역이 정치 영역보다 넓고, 종교의 영역이 국가 영역보다 더 넓고 크다고 하는 것이다.

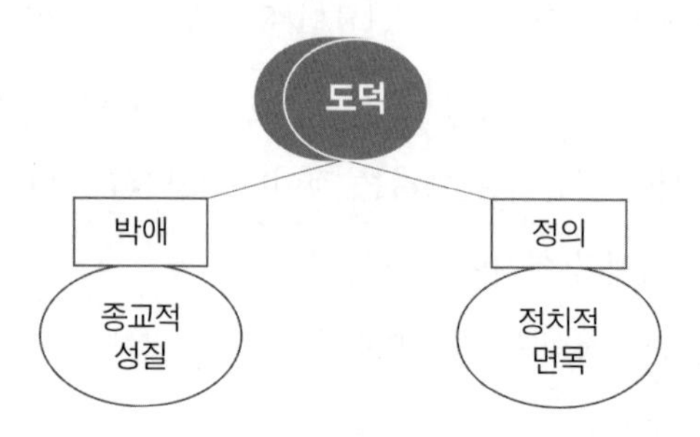

제24장

윤리

자신을 사랑하는 자는 사회를 위하여 공덕심(公德心)과 공익심(公益心)을 다하는 것이다.

윤리에는 개인 윤리, 사회 윤리, 국가 윤리가 있다. '지극한 어짊'과 '지극한 바름'은 윤리의 성질이요, 아름답고 선한 풍속[1]은 그 면목이다. 또한 예의와 정법(政法)은 그 활동이다.

개인 윤리는 부모와 자녀의 자애와 효도로써 인간 도리의 본위를 세우고, 부부의 화순(和順, 부부가 서로 화합하고 따르는 것)으로써 가도(家道)의 주체를 이루며, 피를 나눈 형제의 원기(元氣)는 우애로써 충실히 한다. 가족 단체는 친척 간에 두터운 화목으로써 하고, 품행과 학문은 사제 간의 공경과 사랑을 통해서 일을 이루어 나간다. 예의풍속과 교제는 벗의 신의로써 발전하는 것인데, 이는 윤리의 대본부(大本部)가 된다. 또한 이에 기초하여 인류가 발달하고 세계가 확장되어 나간다.

그러나 앞에서 언급한 개요는 인간의 상대적 표준에 적합한 것이요, 다시 스스로를 돌이켜 필요한 것을 구해야 할 것이니, 그것은 대

---

1 여기서 말하는 아름답고 선한 풍속(美風善俗)은 『맹자』를 참고할 필요가 있다. 맹자는 '도의 바람직함을 아는 것을 선(善)'이라 하였고, 그 '도를 충실하게 갖춘 것을 미(美)'라 했다(『맹자』, 「盡心下」 25장: 可欲之謂善…充實之謂美).

략적으로 습관[2]과 자제, 그리고 수학(修學)과 용감이다.

습관은 사람의 성격과 관계되는 가장 큰 요인이 되는데, 그 이유는 사람이 고명하고 선량한 사람과 사귀든지, 나태하고 사악한 사람과 사귀든지, 부지불식간에 그 감화력을 받아 성질이 자연적으로 변화하기 때문이다. 비유하건대 이는 마치 그릇의 네모남과 둥근 것을 따라 물의 형태가 네모와 원을 이루는 것[3]과 같다. 그러므로 사람은 사귐을 가려서 덕성과 지각을 훈성(薰成)[4]해야 한다.

자제(自制)란 내면의 마음을 절제하여 사악한 욕심을 제어하는 것을 말한다. 주색(酒色), 재화, 명리(名利), 분노와 관련한 감정이 발생할 때에는 능히 고결심(高潔心), 명예심(名譽心), 인내심(忍耐心)으로써 1분간 마음을 돌려 그 마음이 도덕에 가까이 들어가게 하면 점차 깨우쳐 아는 효력이 있는 것이다. 그러면 자신을 들어 화염 가운데 던지는 재앙이나 다른 범위 가운데로 몰입하는 슬픈 지경은 면할 것이다. 그

---

2 원문에는 관습으로 표기되어 있으나 현대문의 맥락에 맞게 습관으로 바꾸어 번역하였다. 오늘날 관습은 사회적으로 굳어진 전통적 행동 양식을 말하고, 습관은 오랫동안 되풀이 하여 몸에 익은 채로 굳어진 개인의 행동 양식을 말하기 때문이다.

3 이 비유는 율곡의 "물은 그릇의 네모남과 둥근 것에 따른다(水逐方圓器)"는 말에서 따온 것이다. 율곡은 이 비유를 이통기국(理通氣局)을 설명하는 데 사용했지만 오상준은 좋은 습관으로 덕성과 지각을 이룰 수 있음을 빗대는 비유로 사용하고 있다.

4 훈성(薰成)이란 불교에서 말하는 훈습(薰習)과 같은 의미라 할 수 있다. 사람이 향불 옆에 오래 있으면 그 향기가 몸에 배어 풍기는 것처럼 신체와 언어, 마음으로 거듭 노력하면 그것이 마음에 잔류하게 됨을 이르는 말이다.

러므로 그릇된 욕심은 일찌감치 자제해야 한다. 그릇된 욕심이 종횡으로 일어남은 마치 달리는 말이 빠르게 도망가는 것과 같다. 말에 탄 사람의 힘으로써도 제어할 방법이 없어 필경은 강이나 연못에 빠지고, 암석에 떨어져 자신을 상해하는 경우[5]에 이르면 비록 후회해도 어찌 할 수 없는 것이다.

수학(修學)은 가정과 학교를 막론하고 사람의 덕성과 지식의 양성을 표방하는 것이다. 덕성이 없으면 신체 건강은 흉포의 바탕이 될 뿐이요, 지능의 탁월은 간악의 매개에 불과하다. 그러므로 항상 허위와 비패(鄙悖, 성질이나 행동이 추저분하고 막됨)를 배제하고, 신용과 의리[信義], 공손과 검소함[恭儉]을 돈독히 지켜 덕성을 길러야 할 것이다. 또한 덕성이 비록 이루어졌어도 지식이 없으면, 비유하건대 마치 훌륭한 장수는 있으나 우수한 병정이 없는 것과 같다. 그러므로 지식을 개발해야 할 것이니 그 방법은 심성상의 공부와 물질상의 연구로 대별할 수 있다. 덕성과 지식을 겸비하여 이로써 개인을 경쟁하면 공자와 석가여래, 노자, 예수, 마호메트가 별다른 사람이 아니요, 덕성과 지식으로써 국가를 경쟁하면 영국, 미국, 프랑스, 독일이 별다른 나라가

5 이는 퇴계의 이기론 가운데 칠정에 관한 부분을 인용하여 절제의 필요성을 말한 것이라 볼 수 있다. 일찍이 퇴계는 '사단은 理에서 발하여 氣가 타는 것이고(四端理發而氣乘之) 칠정은 氣가 발하여 理가 따르는 것(七情氣發而理隨之)'이라 하였다. 특히 氣가 발하여 理가 따른다는 것은 마치 사람은 말에 탔으나 고삐를 놓쳐 말이 달리는 대로 사람이 따라갈 수밖에 없는 매우 위태로운 형국이라고 비유한 바 있다.

아니다. 수학(修學)은 사람에게 가장 중요한 것이다.

용감은 사람의 어떤 사업을 막론하고 용기 있고 정일(精一)[6]한 심력을 지니어 그 품은 뜻을 끝까지 관철하는 것을 말한다. 용감한 사람과 용감의 효력을 개략적으로 말하면, 세력가의 반대나 어리석고 우둔한 자의 비방을 두려워하지 않는 사람을 말한다. 의연히 자립하여 완전한 도덕계를 확장하는 종교가, 서슬이 퍼런 칼날을 밟고 끓는 물과 뜨거운 불에 나아가 모든 죽음을 피하지 않는 애국자, 사욕을 없애고 공익을 성취하는 사업가, 곡학아세[7]하는 누습을 끊고 바른 이치로 사람을 인도하고 공언(公言)을 견지하는 사상가, 이 모두는 용감 가운데서 이루어지는 것이다.

신라의 의로운 재상[義士] 박제상(朴堤上)은 일본에 붙잡혀 불에 태워지는 죽음에 이르러도 '신라신(新羅臣)' 석 자를 입에서 끊지를 않았고, 그리스 철학자 소크라테스는 온 세상이 들고 일어나 자신을 반대하고 이단과 좌도로 지목하여도 이를 돌아보지 않고 스스로 굳게 믿는 마음[自信感]을 확고히 지켜 위업을 이루었다. 이탈리아 물리학자 갈릴레오는 지동설을 주장하다가 가톨릭의 반대로 옥중에 투옥되었지만 시종 굽히지 않아 지금까지 학자들 사이에 미담을 만들어내니

6 정일(精一)은 『중용』의 유정유일(惟精惟一)의 준말로, 정일이란 이치를 정밀하게 살피고 오직 그 하나의 이치에 몰입하는 것을 말한다.

7 곡학아세(曲學阿世)는 학문을 왜곡시켜 세상에 아부하고, 자신의 출세를 위해 거짓과 허위를 일삼는 것을 말한다.

이 모두가 용감 가운데의 심력이라 할 것이다. 대저 용감과 개인의 윤리가 어떠한 관계를 지니는 것인지를 알게 된다.

또한 사회윤리는 우리의 정신 및 육신상의 능력이 불완전한 감정으로부터 기원하는 것이다. 사람이 만일 깊은 산이나 황야에 개개인이 홀로 살아 물품의 유무상자(有無相資)[8]를 얻지 못하고, 풍토의 재해와 맹수의 화를 막을 수 없거나, 지식 교환과 사상 발달이 없어 사람의 자격과 가치를 이루지 못하며, 또한 오직 천지간 한 마리의 좀벌레로 곡식을 거저먹으면[9] 그 쓸쓸하고 외로운 생활이 필경 멸망을 면하지 못할 것이다. 정신과 육신상의 관계를 아는 자라면 어찌 사회적 윤리를 알지 못하겠는가. 그러므로 자신을 사랑하는 자는 사회를 위하여 공덕심(公德心)과 공익심(公益心)을 다하는 것이다. 이 공덕과 공익으로 말미암아 사회의 기업과 복리를 증진하면 사회는 명예와 지위로써 보답하는 것이니 공덕심과 공익심은 우리가 가장 욕망하는 명예와 지위의 자본이 된다.

국가 윤리는 국가와 국민 상호간의 분리되지 못할 관계를 기초로 한다. 만약 국가가 없으면 우리의 명예와 생명, 재산이 무엇에 의지하여 보존되겠으며, 반대로 우리가 없으면 4천년 조국이 외국의 식민지

8 유무상자(有無相資)는 동학 초기, 정부로부터 탄압을 받을 당시 해월 최시형이 지시한 것으로 '있는 자들과 없는 자들이 서로 도우는 것'을 말한다.

9 여기서 '거저먹으면'이란 공식(空食)을 번역한 것인데, 공식이란 아무 하는 일 없이 쉽게 거저먹는 것을 말한다.

에 불과할 것이다. 우리나라도 우리에게 없어서는 안 될 것이요, 우리도 우리나라에 없어서는 안 될 것이다. 양자가 서로 없어서는 안 되는 친밀한 관계가 마땅히 이러하니, 우리가 국가 윤리를 자기 가족의 부자관계로 인식한 후에야 자신을 보호하고 자기 나라를 보전할 것이 아닌가. 아, 애달프도다!

〈요해〉

윤리는 다층적 의미를 지닌다. '지극한 어짊'과 '지극한 바름'은 윤리의 성질이고, 아름답고 선한 풍속은 그 면목이며 또한 예의와 정법(政法)은 그 활동이다. 이는 대상에 따라 개인 윤리, 사회 윤리, 국가 윤리로 나누어 구분할 수 있는데, 먼저 개인 윤리는 인류가 발달하고 세계가 확장되는 기초가 된다. 개인 윤리는 습관과 자제, 그리고 수학(修學)과 용감을 꼽을 수 있다.

첫째, 습관이란 사람의 성격과 관계되는 것으로서 고명하고 선량한 사람과의 사귐을 습관화하는 것이다. 어떤 사람을 사귀느냐에 따라 자신도 변화되기 때문에 사귐을 가려서 덕성과 지각을 훈성(薰成)하는 것이다.

둘째, 자제(自制)란 내면의 마음을 절제하여 사악한 욕심을 제어하는 것을 말한다. 주색(酒色), 재화, 명리(名利), 분노와 관련한 감정을 고결한 마음, 명예를 중시하는 마음, 인내하는 마음으로써 1분간 마음을 돌려 그 마음이 도덕에 가까이 들어가도록 하는 것이다. 1분간 마음을 돌린다는 것은 지금의 마음을 성찰하고 알아차려 하늘 마음[天心]으로 전환시킴이다.

셋째, 수학은 가정과 학교에서 덕성과 지식을 기르는 것이다. '덕성이 없으면 신체 건강은 흉포의 바탕이 될 뿐이요, 지능의 탁월은 간악의 매개에 불과'하다는 것이다. 그러므로 항상 허위와 비루함을 배제하고, 신의와 공검(恭儉)을 돈독히 하여 덕성을 길러야 한다. 또한 덕성이 비록 이루어졌어도 지식이 없으면, 훌륭한 장수는 있으나 우수한 병정이 없는 것과 같다. 그러므로 심리상의 공부와 물질상의 연구로 지식을 개발해야 한다.

끝으로 용감은 모든 일에 용기 있고 일관된 심력을 지니어 그 품은 뜻을 끝까지 관철하는 것을 말한다. 용감해야 바른 심지가 지켜질 수 있다.

또한 사회 윤리는 우리의 정신 및 육신상의 능력이 불완전한 감정에서 비롯되므로 필요한 것이다. 즉 사회 윤리란 인간이 홀로 살 수 없는 삶의 조건에서 기인한다. 만일 사람이 홀로 살아 물품의 나눔을 얻지 못하고, 자연재해를 막지 못하며, 지식 교환과 사상 발달이 없어 사람의 자격과 가치를 이루지 못하면, 오직 천지간의 한 마리 좀벌레로 사는 것과 다르지 않다. 그러므로 자신을 사랑하는 자는 사회를 위하여 공덕심(公德心)과 공익심(公益心)을 다하는 것이고, 국가 윤리란 국가와 국민 상호간 분리되지 못할 관계임을 인식하여 공생공영으로 나아가는 것이다.

〈윤리의 유형〉

<table>
<tr><td rowspan="4">개인윤리</td><td>습관</td><td>선한 사람과의 사귐을 습관화함</td></tr>
<tr><td>자제(自制)</td><td>현재의 마음을 성찰하여 그릇된 욕심을 하늘도덕으로 전환함</td></tr>
<tr><td>수학(修學)</td><td>신의, 공손, 공검의 덕성과 물질상의 지식을 양성함</td></tr>
<tr><td>용감</td><td>용기와 정밀한 심력(心力)을 모든 일에 관철함</td></tr>
<tr><td colspan="2">사회 윤리</td><td>사회를 위하여 공덕심(公德心)과 공익심(公益心)을 다함</td></tr>
<tr><td colspan="2">국가 윤리</td><td>가와 국민을 분리하지 않고, 상호 보전과 공생공영을 구현함</td></tr>
</table>

제25장

관습

우리가 신사상과 신문명으로써 관습을 개량한 연후에 우리의 천성과 우리나라의 지위를 가히 회복할 것인데, 어떠한 방편을 취하여 능히 선량한 관습을 이룰 것인가.

관습의 세력은 능히 세계를 점령하여 인류를 속박하고, 패망을 초래하며 전염성을 만들어 대대손손에게 부여한다. 그러므로 그 폐해가 매우 심한 것이다. 아, 관습의 어질지 못함이여! 우리나라의 나쁜 관습을 열거하면 대략 다음과 같다.

첫째, '혼인의 관습'이다. 어린 남녀를 짝짓기에 기혈이 고갈되고 몸의 형태가 쇠잔해지며, 근근이 생육은 있으나 부실한 곡식의 씨앗처럼 발아가 불완전함과 같다.

둘째, 지벌(地閥)의 고하와 재산의 유무에 따른 혼인이다. 부부가 인격의 우열을 중시하지 않다가 각기 마땅하지 못한 악연으로 백년을 헛되이 보내는 것이다. 이는 사람이 쇠퇴하는 가장 큰 원인이고, 인간 자유의 가장 큰 죄악이다.

셋째, '교육의 관습'이다. 중국 역사와 중국 경전을 자국의 문헌으로 인식하는 사상이 청년의 뇌수에 침입하고 중국인의 사상을 위해 희생함으로 말미암아 자국의 사상을 바랄지라도 흔적이 없는 지경에 이른 것이다. 이는 자립사상의 큰 장애가 된다.

넷째, '음사의 관습'[1]이다. 정령사상이 전혀 없는 토지와 산천목석(山川木石)을 대상으로 자신의 복리를 구하는 것이다. 이는 왕왕이 풍속을 범하면서도 그 잘못을 뉘우치는 바가 없으니 그 미혹되고 우매함이 매우 심한 증거이다.

다섯째, '풍수의 관습'이다. 이는 땅을 가리고[擇地], 날을 가리는[擇日] 것인데 이는 매우 터무니없는 것이다. 땅 속의 해골에 기대어 명복을 바라는 자, 또는 연월일시(年月日時)를 고허왕상(孤虛旺相)[2]에 근거하여 길흉을 판단하는 자가 그들이다. 땅속이 비어 공기가 들어가 통하면 공기 중 수소(水素)와 화소(火素)가 이에서 발현하는데, 그들은 이 수화(水火)의 흔적을 가리켜 묘지의 길흉을 삼는 것이다. 관[棺槨]을 사용하지 않은 해체된 시체가 토지와 접착한 저 매장지를 시험해 보라. 또한 원래 천지가 비로소 생겨난 날을 소급해 연구해도 알 수 없는 것인데 오늘날 갑자(甲子)를 무엇으로써 확연히 지정할 수 있겠는가. 그런즉 풍수의 허탄함을 가히 증거할 수 있다.

여섯째, '사관(士官, 전근대 시기의 벼슬살이)의 관습'이다. 이는 정치 부패와 민지(民智)의 폐색, 그리고 국조(國祚) 변천의 시작과 끝이다.

---

1 음사(淫祀)란 조선시대에 사용된 말로서 삿된 귀신에게 제사지내는 것을 말한다. 유교 윤리와 명분에 어긋나는 사신행위(祀神行爲)를 가리켜 말하거나 천지산천(天地山川)·일월성신(日月星辰)에 대한 자연숭배, 혹은 정령에 대한 신앙과 제사를 지칭하기도 한다.

2 고허왕상(孤虛旺相)은 천시(天時)와 기운(氣運)의 성쇠를 오행(五行)에 의거하여 운명을 설명하는 것을 말한다.

사람이 자기 스스로 갖춘 학문과 지적 능력을 돌아보지 않고, 오직 권귀(權貴, 벼슬이 높고 권세가 있는 집안)를 의뢰하고, 뇌물을 공공연히 행하다가 요행의 길을 열어 벼슬을 얻는다면 이 사람의 행동은 열등한 정치에 불과할 것이다. 이러한 풍조로 인하여 학업계는 허망한 것으로 돌아가고 재물 번식의 욕망은 넘쳐날 것이니 민지가 폐색되는 것은 자연한 현상이라. 그 폐색의 말로는 국내가 소란해지고 인근 국가의 간섭이 닥쳐와 국가의 면목이 황량한 세계로 스스로 타락하는 것이다. 이러한 관습의 폐해는 홍수의 폐해보다 더 심할 것이다.

일곱째, 술[酒]은 바른 성품을 교란하는 것이요, 담배는 1개피에 참새 20마리를 능히 죽이는 독성 물질을 포함한 것이다. 고등한 사람이라도 이 주초(酒草)의 관습을 능히 벗어나는 용감이 없으니 이에 근거하면 관습의 세력이 매우 크다 할 것이다.

이상과 같은 관습을 우리가 신사상과 신문명[3]으로써 개량한 연후에 우리의 천성과 우리나라의 지위를 가히 회복할 것인데, 어떠한 방편을 취하여 능히 선량한 관습을 이룰 것인가. 무릇 정치란 표상적 권능이 있는 것이요, 종교는 심성적 감화를 주는 것이니 정치로써 문명을 수입하여 민법을 제작하고, 종교로써 교화를 선포하여 민속(民俗)

---

3 오상준이 말하는 신사상의 신문명이란 우리의 천성과 우리나라의 지위를 회복하는 문명으로서 이는 구체적으로 두 가지 방면으로 제시된다. 먼저 정치로써 국가문명을 개량하여 법률을 제작하는 것과 종교로써 미혹된 생각을 해방하여 우리 교의 바른 이치[直理]로써 광명정대한 정신문명을 이루는 것이다.

을 변경함이 옳을 것이다. 그러나 정치적 권능은 책임을 지는 사람 스스로에게 있고, 종교는 우리 나라가 가지는 천권(天權)이자 인권(人權)이라. 우리 종교의 바른 이치로써 우리의 미혹된 생각을 해방하고 개방하여 광명정대한 심성상의 관습을 이루는 것은 곧 우리 교인의 책임이다.

〈요해〉

이 장에서는 관습에 대해서 말한다. 관습의 힘은 대대손손 전염되는 것으로서 능히 세계를 점령하고 인류를 속박하며 패망을 초래하는 큰 요인이 된다. 오상준은 당시 우리나라의 나쁜 관습을 여섯 가지로 지적하였다. 첫째, 어린 남녀를 짝 지우고 지벌고하와 재산의 유무에 따라 부부의 연을 맺는 것, 둘째, 중국의 역사와 경전을 자국의 문헌으로 인식하여 자국의 사상을 배제해 버리는 교육의 관습, 셋째, 토지와 산천, 나무와 돌 등에게 자신의 복리를 구하는 음사의 관습, 넷째, 장소를 택하고 날을 택하는 풍수의 관습, 다섯째, 사람이 자기 스스로 갖춘 학문과 지적 능력을 돌아보지 않고, 오직 권귀(權貴)를 의뢰하고 뇌물로 요행의 길을 열어 벼슬을 얻고자 하는 사관(士官)의 관습, 여섯째, 술과 담배, 즉 주초(酒草)의 관습이다. 이 가운데서도 관직의 폐습은 홍수의 폐해보다 심한 것이라고 말하는데, 이는 학업을 헛되이 하고 재물에 대한 탐욕만 가득하게 하여 인민의 지혜를 막고 이로 말미암아 국가가 황량히 타락하게 되는 것이기 때문이다. 이러한 악습을 개량하는 방법은 신사상과 신문명에 있고, 그 구체적인 방편은 정치와 종교에 있다. 정치로써 문명을 수입하여 민법을 제작하고 종교로써 교화를 선포하여 민속(民俗)을 변화시키는 것이다. 정치적 권능은 책임을 지는 자 스스로에게 있고, 종교, 즉 천인의 하늘정신은 우리나라가 갖고 있는 천권(天權)이자 인권(人權)이다. 정치적 권능이 최고 통치자나 정부에 있는 것이 아니라 책임을 스스로 지는 국민에게 있고, 권력의 주체는 천인(天人)에 있다. 천인이기에 곧 천권이자 인권을 향유하는 것이다. 여기서 천권이라는 것은 우리 종교의 바른 이치[直理]로 하늘과 합한 하늘 사람으로서 우리의 미혹된 생각이 해방되고, 광명정대한 공격(公格), 즉 하늘 격[天格]을 이루었을 때의 인권을 말한다.

제26장

방정한 마음[正心]

마음을 방정히 한 연후에는 문명을 가히 기대할 수 있는 것이다. 문명이란 심리상 '종교문명'이요, 사업상 '정치문명'이다.

세계는 사람 마음[人心]의 명령 하에 진보하고 퇴보한다. 사람 마음이 문명하면 세계가 문명이요, 사람 마음이 야매(野昧, 천박하고 어리석음)하면 세계가 야매해진다. 그러므로 세계 문명에 주의하는 자가 어찌 자기 마음의 야매를 고수하겠는가. 이 야매를 제거하는 것이 바로 자심문명(自心文明)으로서 문명은 곧 자심문명에 불과하다.

그러므로 문명은 심성상 최고의 정점이요, 그 정점은 곧 방정(方正)이라 할 것이다. 그러면 이 방정을 어느 방면으로부터 취득하여 자심(自心)으로 받아들여 올 것인가. 방정의 대표적인 모범은 '어진 마음과 진리에 맞는 올바른 도리[仁心義理]'이다. 어진 마음과 올바른 도리는 하늘 마음[天心]의 영향에서 이루어져 나오는 우리 교가 그 본부이다. 사람 마음이 이 본부 중에 들어가 어진 마음과 올바른 도리를 찾으면 본부 가운데 그 마음과 도리는 무진장(無盡藏)일 것이다. 종교가 이 요구를 따라서 많이 구한즉 많이 주고 적게 구한즉 적게 주는 것이니, 사람 마음이 이를 얻어 자심(自心)을 돌이키면 자심 가운데의 지혜가 원래부터 있는 보고(寶庫)이라. 여기에 어진 마음과 올바른 도리가 내장되어 마음가짐을 짓다가 사람과 관계를 이루고, 사물을 접할 때에 어진 마음을 씀은 어진마음이 곧 작용하는 것이고, 올바른 도리를 가히 씀은 올바른 도리가 곧 작용함이다. 또한 인심과 의리의 병용이란 어진 마음과 올바른 도리, 양자가 함께 작용하는 것으로서 이에 이르러야 비로소 방정이 생기는 것이고, 방정으로 말미암아 펼쳐나감을 그치지 않으면 그 최상의 정점을 문명이라 하는 것이다. 그러므로 문명을 얻을 자는 먼저 방정(方正)에 뜻을 세워야 할 것이다.

방정의 범위 내에 어진 마음과 올바른 도리가 있다고 말하면 이는 종조리(終條理)의 말[言論]이 되고, 어진 마음과 올바른 도리로 말미암아 방정의 주체가 이루어진다고 말하면 이때는 시조리(始條理)의 말이 된다.[1] 처음과 끝, 즉 시조리와 종조리 사이는 사람 마음의 어짊과 올바른 도리가 능히 행해지는 곳이다. 인심의 취향을 인도하여 두 가지 길의 돌아갈 곳을 지정한다면 나의 부모를 사랑하고 내 민족을 사랑하며, 나의 종교를 사랑하고 내 나라를 사랑하는 것이다. 그리하여 평화롭고 기쁜 안색(顏色)과 조화로운 충곡(衷曲, 간절하고 애틋한 마음)이 조금도 떨어지지 않고, 한순간도 이를 잊지 않는 것이다. 이는 어진

1 시조리와 종조리는 『孟子』「萬章下」 "始條理者, 智之事也, 終條理者, 聖之事也"에 나오는 말로 시조리는 지혜에 속하고 종조리는 성(聖)스러운 것을 말한다. 그러나 오상준이 뜻하는 시조리는 어진 마음과 올바른 도리로 말미암아 방정의 주체가 이루어지는 수행적 의미가 짙고, 종조리는 방정의 범위 내에 이미 본유된 어진 마음과 올바른 도리를 말한다. 이는 불교에서 말하는 시각(始覺)과 본각(本覺)의 틀에 더 가깝다. 용어는 유가적인 것이지만 맥락은 불교적인 것이라 할 수 있다.

마음이 시키는 바로서 우리가 이로부터 말미암지 않으면 우리 역시 방정할 수 없다. 내 부모의 환난을 구하고 내 민족의 환난을 구하며, 내 종교의 환난을 구하고 내 나라의 환난을 구함에 끓는 물이나 뜨거운 불도 두려워하지 않고, 몸과 뼈가 가루가 되어도 이를 피하지 않는 것은 올바른 도리가 흘러 넘치는 까닭이다. 우리가 이로써 말미암지 않으면 우리는 방정할 수 없을 것이다. 그러므로 방정에 태어나 방정에 죽을 자는 바로 우리이다.

문명은 심성과 사업의 최정점[最上頭]이다. 우리가 마땅히 멀리서 아득히 바라보는 자를 우리의 정직한 심력(心力)으로 민첩한 걸음걸이를 시행하여 저 최정점을 향하게 함이 옳은가, 아니면 우리의 삿된 마음으로 방일하고 산만한 걸음을 옮겨 저 최정점을 향하는 것이 옳겠는가? 나는 기필코 말한다. 심력이 정직해야만 걸음걸이가 민첩할 것이요, 걸음걸이가 민첩해야 저 최정상에 쉽게 이를 것이다.

만약 말하기를 문명은 족히 할 만한 것이 아니라고 한다면 심성의 옳음과 그릇됨, 혹은 사업의 이룸과 이루지 못함은 거론할 필요가 없을 것이지만, 만약 문명을 하지도 않고 불가하다 하면, 심성의 옳음과 그릇됨, 혹은 사업의 이룸과 이루지 못함을 어찌 대수롭게 여기리오. 문명의 반대는 야매(野昧)라. 야매란 스스로를 노예로 팔고 사는 것[奴隸自鬻], 제수(형제의 아내)와 시숙(남편의 형제)이 함께 자는 것[嫂叔幷寢], 가족을 죽이는 것[族類相殺] 등이니 우리가 어찌 이를 차마 할 수 있으리오. 그런즉 문명은 하지 않은 즉 할 수 없는 것이지만, 그 마음을 방정히 한 연후에는 문명을 가히 기대할 수 있는 것이다. 문명이란 심성상의 '종교문명'이요, 사업상의 '정치문명'이다.[2]

〈요해〉

세계 문명은 곧 마음문명이다. 세계는 사람 마음[人心]의 명령하에 발전하고 퇴보하는 것이므로, 사람 마음이 문명하면 세계가 문명하고 사람 마음이 야매(野昧)하면 세계 역시 야매하다. 야매를 제거하는 것이 자심문명이고, 자심문명의 최정점은 사람 마음의 최정상인 방정(方正)으로서, 이는 곧 '어진 마음[仁心]'과 '올바른 도리[義理]'를 말한다. 어진 마음과 올바른 도리는 하늘 마음[天心]의 영향으로 이루어져 나오는 것으로서 우리 종교가 그 본부가 된다.

우리 종교란 우리의 정신으로서 곧 천인합일이다. 그러므로 문명을 얻을 자는 먼저 방정(方正)에 뜻을 세워야 한다고 오상준은 말한다. 나의 부모를 사랑하고, 내 민족을 사랑하며, 나의 종교를 사랑하고, 내 나라를 사랑하는 것, 내 부모의 환난을 구하고, 내 민족의 환난을 구하며, 내 종교의 환난을 구하고, 내 나라의 환난을 구함에 끓는

2 하늘문명은 종교문명과 정치문명으로 나뉠 수 있는데, 종교문명은 자심(自心)을 범위로 하고, 정치문명은 국가를 범위로 한다.

물이나 뜨거운 불도 두려워하지 않고, 몸과 뼈가 가루가 되어도 이를 피하지 않는 것은 어진 마음과 올바른 도리가 마음으로부터 흘러넘치는 까닭이다. 문명이란 심성상 '종교문명'이요, 사업상 '정치문명'이다. 문명은 종교문명과 정치문명의 하늘문명으로서 포괄되는데, 종교문명은 영성을 범위로 하고, 정치문명은 국가를 범위로 한다.

제27장

순일한 뜻[誠意]

순일한 뜻으로써 하늘(天)에 서면 하늘(天)의 종교가 우리의 범위요, 순일한 뜻으로써 땅에 서면 땅의 국가가 우리의 범위이니, 순일한 뜻은 능히 우리의 새 하늘, 새 땅을 받들어주는 것이다.

순일(純一)한 뜻[誠意][1]은 우리의 입각점(立脚點, 근거가 되는 관점)이다. 순일한 뜻으로써 하늘(天)에 서면 하늘(天)의 종교가 우리의 범위요, 순일한 뜻으로써 땅에 서면 땅의 국가가 우리의 범위이니, 순일한 뜻은 능히 우리의 새 하늘, 새 땅을 받들어주는 것이다.

새 하늘 새 땅은 어떠한 하늘이며 어떠한 땅인가? 새 하늘은 4천 년 전 요순의 옛 자취를 추적하던 케케묵은 사상을 타파하고 요순을 자신의 마음속에서 찾아 얻는 우리 종교의 신사상이다. 새 땅은 개개인의 자립심과 개개인의 견고심(堅固心, 청정하고 견고한 마음), 개개인의 분발심과 개개인의 용맹정진심, 그리고 개개인의 문명심을 하나로 집합하여 이 집합력으로 우리 한(韓)의 삼천리를 청정한 땅[乾淨地]이 되게 하는 우리나라의 신사업이다. 이 새 하늘 새 땅 안에 어떠한 사람이 가히 나올 것인가. 새 사상[新思想], 새 사업[新事業]을 짓는 우리는

1 성의(誠意)의 사전적 의미는 '진실되고 정성되다'의 뜻이다. 그러나 본 글에서 성의는 본체적 의미도 포괄하고 있고, 동학에서 성(誠)은 순일불식(純一不息)의 의미를 갖고 있기 때문에 여기서 성의는 '순일한 뜻'이라 할 수 있다. 순일한 뜻(誠意)은 진실과 성실뿐만 아니라 천인일체의 체천(體天)과도 맥락이 닿아 있다.

곧 새 사람[新人]이다.

그런즉 우리는 순일한 뜻의 목적물을 지음이 가한가, 순일한 뜻으로써 우리의 목적지를 지음이 가한가. 우리가 만일 순일한 뜻의 목적물을 지으면 순일한 뜻의 주권은 종교와 국가에 있을 것이다. 종교와 국가는 원래 무정체(無情體, 감각과 감정이 없는 자연물)이니 무정체의 명령이 어찌 순일한 뜻으로 말미암아 우리에게 미치겠는가. 그러므로 순일한 뜻의 목적물을 지음은 심히 불가한 것이요, 순일한 뜻으로써 우리의 목적지를 지으면 순일한 뜻은 우리의 명령 하에 있을 것이다.[2] 순일한 뜻으로써 종교를 신앙하고 연구하면 순일한 뜻이 미치는 곳에 진리의 길이 저절로 통하여 하늘 문[天門]에 도달할 것이다. 그러므로 순일한 뜻으로써 국가를 경영하고 담부하면 그 뜻 가운데 국력이 스스로 생겨나고, 국권이 자강하여 '세화의 인문(世化人文)'[3]이 육대주 열강들을 병가(並駕)할 것이니 순일한 뜻으로써 우리의 목적지를 지음이 필요하다.

우리가 그 목적지에 서서 그 비교적 완미(完美)한 효과를 말할진대

---

2 이 문장은 의암 손병희의 『대종정의(大宗正義, 1907)』에서 "사람의 덕성과 지혜의 본원은 무형에 둘 뿐이요, 세계를 만들어 가는 면목과 제도는 사람 스스로 손수 집행함에 있다."고 한 말과 같은 맥락에서 이해할 수 있다.

3 세화인문(世化人文)이란 하늘(天)과 합하여 천격(天格)의 인격을 이룬 사람으로 말미암는 인문(人文)의 세화를 말한다. 『대종정의』에서도 사람이 사람을 이루는 세화가 아니라 사람이 하늘의 근본에 영통(靈通)함으로 말미암는 인문(人文)의 세화 문명을 말하고 있다. 이는 오늘날 사용하는 인문학의 인문과 다소 차이가 있다.

하늘은 순일한 뜻으로써 성품의 개체로 나누고(性分), 그 나눔(其分)[4] 을 준비하여 만물을 화육하며 땅은 순일한 뜻으로써 자전(自轉)하여 스스로 행하는 법도를 따라 사시(四時)를 조절[調濟]한다. 사람 또한 천지간 순일한 뜻의 동물로서 스스로 받은 직분 내에 고유한 순일의 뜻을 잡아 사람의 최고의 정도에 이르는 자가 있으니 이를 증거로 하면 순일한 뜻은 우리의 목적지이자 목적물로 인정함이 옳을 것이다.

우리의 심력(心力)이 사물의 목적지에 서서 순일한 뜻으로써 심력을 지키고 융합을 이루면 비록 '천지의 중후함[天重地厚]'과 '우주의 오묘함[宇宙玄漠]'과 그리고 '만물의 번다함[萬物繁疊]'이라도 필경 이 심력의 주착지(住着地, 일정한 곳에 머무르는 것)에서 심력의 관철을 얻을 것이다. 이 관철 중에 얻어지는 것은 흡사[恰然] 우리 지혜의 보물과 같고, 그 작용을 통해서 역사상 빛나는 영예[光譽]를 받으며 우리 겨레를 이롭고 윤택하게 할 것이니, 순일한 뜻은 우리의 위치와 자격에 관한

4 주자의 『근사록』에 의하면 "各得其分 謂各得性分之所固有"라 하여 "개체로 나뉨(其分)에 성분(性分)의 고유한 바를 각기 얻는다." 하였다. 오상준이 말하는 성분(性分)은 하늘 전체에 통하는 천성을 뜻하고, 기분(其分)은 개체로 나뉨에 따라 다양하게 드러나는 성분을 뜻한다. 동학은 모든 만물이 시천주라 하는데 시천은 성분(性分)에 해당하고 개별의 다양한 현상은 기분(其分)에 해당한다. 해월은 이를 '일리만수(一理萬殊)'라 했다. 이돈화는 일리(一理)를 통화(通化)라 하여 성분(性分)을 표현했고, 만수(萬殊)를 분화(分化)라 하여 기분(其分)으로 표현했다. 오상준은 주자의 성분(性分)과 기분(其分)을 용어상 빌려왔지만 맥락은 다르다. 오상준의 성분과 기분은 상즉(相卽)하지만 주자의 그것은 상즉하지 않기 때문에 서로 다르다. 오상준의 성분과 기분은 해월이 말한 일리와 만수[一理萬殊]를 용어만 다르게 표현한 것이라 할 수 있다.

대 자량[資斧]이다.

〈요해〉

이 장에서는 순일한 뜻[誠意]을 통해 건설되는 새 사람[新人]의 새 하늘[新天], 새 땅[新地]을 말하고 있다. 성의(誠意)를 순일한 뜻이라 번역한 것은 유가적 맥락을 탈피하기 위해서이다. 잘 알려져 있듯이 『중용』에서 "성자(誠者) 천지도야(天之道也) 성지자(誠之者) 인지도야(人之道也)"라 한 것처럼, 성(誠)은 진실무망(眞實無妄)한 그 자체로서 천리의 본연[天理之本然也]이고, 성지(誠之)는 진실무망한 성(誠)에 이르고자 노력하는 과정을 일컫는다. 즉 『중용』에서 성(誠)은 명사적 개념으로 사용하는 용례가 많고, 성지(誠之)는 '성(誠)되려고 노력하다'는 동사적 개념이 강하다. 오상준이 말하는 성의(誠意)는 인간이 하늘과 합하여 스스로 구현하는 동명사의 의미가 강하다. 또한 중용에서 천도와 인도가 이원화되었다면 오상준은 천도와 인도가 일체화된 순일한 뜻[誠意]으로서의 새 하늘, 새 땅, 새 사람[新人]을 제시한다. 새 하늘은 이전의 낡은 정신을 개벽하는 새 사상을 지칭한다. 이는 4천 년 동안 요순의 자취를 따르고 그를 매개로 해서만이 성인(聖人)이 될 수 있다고 전제했던 낡은 사상을 타파하는 것이고, 직접 자신의 마음속에서 요순을 찾아 얻는 것이다. 오상준은 이것이 바로 신사상이자 우리 종교이며 하늘의 정신이라 하였다. 새 땅은 우리 대한의 삼천리를 청정한 땅이 되게 하는 우리나라의 신사업을 말한다. 그리고 새 사람이란 새 사상을 가지고 새 사업을 짓는 우리를 지칭한다. 새 하늘은 종교이자 신사상이요, 새 땅은 국가이자 신사업이며, 새 사상[新思想] 새 사업[新事業]을 짓는 우리는 곧 새 사람[新人]인 것이다. 하늘은 순일한 뜻으로서 성품을 개체로 나누고, 그 나눔을 준비하여 만물을 화육한다. 우리가 우리 자신의 순일한 뜻으로써 국가를 이루고 책임을 지면 국력이 스스로 생겨나 국권이 자강할 것이며 인문의 세화(世化)가 열려 세계열강들을 아우를 것이다. 요컨대 우리의 순일한 뜻에 우리의 심력(心力)이 관철되고 우리의 지혜를 작용하면 우리는 역사상 빛나는 문명을 얻고, 우리 겨레를 이롭고 윤택하게 할 수 있을 것이다.

제28장

결론

사람의 범위 안에서 주체를 정신이라 말하고, 정신의 명령 하에 작용하는 것을 일컬어 육체라 말한다. 정신은 참된 이치[實理]의 '문명 하늘[文明天]'에서 나오고, 육체는 형식적 '문명의 땅[文明地]'으로 나아가는 것이다.

사람의 범위 안에서 주체를 정신이라 말하고, 정신의 명령 하에 작용하는 것을 일컬어 육체라 말한다. 정신은 참된 이치[實理]의 '문명 하늘[文明天]'에서 나오고, 육체는 형식적 '문명의 땅[文明地]'으로 나아가는 것이다. 정신과 육체가 서로 상수상자(相須相資)[1]하는 영향으로 사람 사는 세상이 '큰 결실[大果]'을 맺는 것인데, 큰 결실이란 인격을 말하고, 인격은 바로 우리가 욕망하는 최상의 것이다.

인격은 '사실의 총합체(叢合體)'이다. 여기서 사실이란 우리 교,[2] 우

---

1 상수상자란 서로 따르고 서로 의지한다는 뜻으로, 주역 풍괘(豐卦) 초사(初辭)에 나오는 말이다. "밝음과 움직임이 서로 의지하니 풍성한 도를 이룬다. 밝음이 아니면 비출 수 없고, 움직임이 아니면 행할 수 없으니, 서로 따르는 것이 형체와 그림자 같고, 서로 의지하는 것이 겉과 속이 되는 것과 같다(明動相資 致豊之道 非明无以照 非動无以行 相須猶形影 相資猶表裏)". 오상준은 정신과 육체의 관계를 형체와 그림자, 겉과 속의 양면 관계로 보고 있다.

2 여기서 우리 교는 '오교(吾敎)'를 번역한 것인데 오교(吾敎)는 천도교라는 특정종교를 지칭한다기보다는 '동교(東敎)'를 뜻한다. 원래 동학은 우리 학문, 우리 정신을 의미하는 것으로서 우리가 고유하게 지켜 왔던 하늘의 정신을 뜻한다. 의암이 동학을 천도교로 개칭한 것은 정부의 탄압으로부터 벗어나고 우리의 정신을 구가하고자 종교의 자유를 빌려 천도교라 개칭한 것이었다. 동학과 천도교는 하나이다.

리나라가 그 목적지가 되는 것을 말한다. 이 목적지에 나아가 우리의 정신활동과 육체의 노력을 시행한다면 우리 교의 면목이 곧 우리나라 면목을 띠어 세계 대 하늘 가운데 우뚝 솟아날 것이다. 또한 우리나라의 자격이 우리 교의 자격을 수반하여 세계 대지 가운데 특출할 것이니 이는 인격 가운데 내포된 사업이라 할 것이다.

한 번 생각해 보라. 우리 겨레 4천 년의 성령사회(性靈社會)가 객교(客敎)[3]의 점령을 받음이 우리의 가장 큰 결점이요, 우리나라 4천 년 정치사회가 이웃 나라의 간섭을 받음이 우리의 가장 큰 치욕이라. 하물며 우리 교의 대 기초가 크게 성립된 오늘날과 우리의 천성적(天性的) 국가 재료를 갖춘 이 땅에 있어 우리의 사상이 어찌 적막의 끝에 있으리오.

그런즉 우리가 우리 정신을 백반으로 힘을 쌓고, 우리의 육체를 백반으로 자중하여, 외민족의 미혹(迷惑)을 받지 말며, 외민족의 동요(動撓)를 받지 않으면 외민족의 침략적 수단이 자연히 감퇴할 것이다. 또한 외민족의 '점탈적 사상'[4]이 자연히 줄어들 것이니 우리는 거듭 생각해야 할 것이다. 오직 한 가지 신념으로 다른 마음이 없는 일편단심으로 정신력을 거듭 단련하여 굳세게 만들고, 육체력은 견고하고 우뚝

---

3 객교(客敎)란 손님의 종교로서 주체적 종교, 주체적인 사상과 반대되는 의미인데, 여기서 객교란 구체적으로 다른 나라의 사상, 즉 중국사상을 지칭한다.

4 점탈(占奪)이란 남의 것을 빼앗아 차지한다는 뜻으로 여기서 점탈적 사상이란 남을 사상적으로 지배하는 것을 의미한다.

솟은 높은 산처럼 단련시켜 우리 하늘, 우리 땅 사이에 우리의 당당한 사업을 이룰 것이다.

그러므로 우리가 더욱 힘쓸 것은 의식(衣食)이나 외민족에 충성할 것이 아니라 '우리 교', '우리나라'에 정성을 다함에 있다. 우리 교로써 우리가 단결하고, 우리나라로써 우리 교에 기대어 많은 사람들이 힘을 합하여 걸음마다 나아가면 우리나라가 어찌 전과 다름없는 옛날의 제국이리오. 제국 가운데 풍속교화를 주장하는 것이 우리 교이니 이때 우리의 광영이 어떠한 것이겠는가. 그러나 이와 반대로 한 즉 우리는 야인(野人) 후의 새로운 야만인이 되고, 흑인 노예[黑奴] 후의 새로운 황인 노예[黃奴]가 될 것이니 우리는 백 번 힘쓰고 천 번 힘써 백방으로 면려(勉勵)해야 할 것이다.

우리의 마음이 따뜻하면 세계 하늘이 모두 우리 교의 하늘이요, 우리의 마음이 차가우면 우리나라의 정치 체제는 악정부(惡政府)라. 악정부라면 우리 가족이 거하는 서까래 하나, 기와 한 장, 창문 하나에도 한 호구당 세금액이 일금(一金), 이금(二金), 칠금(七金), 팔금(八金)에 이르고, 우리 자녀의 결혼 세가 백 원(百元), 이백 원(二百元)에 이르며, 우리 부모와 형제가 악정부의 독편(毒鞭) 아래 통곡(號哭)할 것이다. 밥이든 죽이든 오늘날 잠시 숨쉬는 것을 영락(永樂)으로 알다가 시베리아의 매서운 바람[酸風]이 내일 불어오면 피난길 수레 안에서 국수 한 그릇도 먹을 수 없을 것이니, 우리는 정신을 닦고 닦아야 할 것이다. 거듭 우리는 정신을 닦고 닦아야 할 것이다.

그러므로 이 책이 어찌 번거롭게 장황(張皇)함을 도모했겠는가마는 맹수가 방안으로 들어오는 것[5]을 보고도 우리가 곤히 잠자고 있는데 이를 어찌 참고 좌시(坐視)할 수 있겠는가.

옛날에 블룬칠리의 저서[6] 한 권으로 영국인의 쇠잔한 정신이 진작되어 영국은 대 개혁정치를 이루었고, 그 연속으로 금일의 부강을 이루어 세계에 우뚝 서게 되었다. 이것이 어찌 블룬칠리의 필설(筆舌)로써 영국인으로 하여금 마음을 되찾게 한 것이겠는가. 영국인의 마음속 일이 본래 이 블룬칠리의 책 가운데 있던 설화(說話)에 지나지 않았을 뿐이다. 그러므로 슬퍼하는 자는 울음을 집어 들어 울 것이고, 즐거워하는 자는 노래를 집어 들어 노래를 부를 것이다.

---

5 여기서 맹수는 일본 제국주의 및 외세의 침탈을 비유한 것이다.

6 블룬칠리(Johannes C. Bluntschli, 1808-1881)는 스위스 태생의 독일 법학자로서 『일반국법』을 저술하였다. 그는 국가를 인간의 유기체와 비교하여 도덕적 · 정신적 인격으로 간주하고, 국가유기체설을 주장하였다. 1906년에는 이 『일반국법』이 나진 · 김상연에 의해 『국가학(國家學)』이라는 제목으로 번역(중역)되기도 하였다. 중국에서는 마틴이 블룬칠리의 『근대 국제법』을 『공법회통』이라는 제목으로 번역하면서 보급되었다. 한국 개화기 대한제국 건립 당시에 만들어진 제국(帝國)의 국제(國制)도 블룬칠리의 『공법회통(公法會通)』을 참고한 것이었다. 공법회통은 1880년 중국에서 한역(漢譯)되었는데, 우리나라에서는 건양 원년(1896) 5월 학부 편집국을 통해 중국판을 재출간하여 민간에 배포하였다.

〈요해〉

결론에서 오상준은 다시금 하늘문명에서 문명의 땅으로 나아가는 정신과 육체의 관계를 재조명하고 있다. 그리고 4천년 우리 겨레의 역사 본질이 성령사회에 있고, 문명의 새 땅이 영성적 국가를 만들 재료를 갖춘 우리 정신에 있음을 강조한다. 그리하여 우리는 마음의 심력을 다하고, 육체를 단련시켜 우리 하늘 우리 땅의 사업을 이루자고 말한다. 우리의 인격은 우리의 정신[吾教]과 우리나라[吾國]의 총합체이다. 그러므로 우리가 더욱 힘쓸 것은 먹고사는 일이나 외민족에 사대주의로 충성할 것이 아니라 우리 정신, 우리나라에 정성을 다함에 있다.

오상준은 자기 저서의 집필 의도가 당시 일제의 침략과 통제로 식민지 상태나 다름없는 대한제국의 현실에 있고, 우리 정신을 불러일으켜 우리나라를 지킬 힘과 애국심을 고취하고자 한 것에 있음을 결론짓고 있다. 본 저술의 목적이 맹수가 방안으로 들어오는 것을 보고도 곤히 잠자는 현실을 통탄하면서 메마르고 쇠잔한 우리 정신을 진작시키고자 하는 것임을 거듭 밝히고 있는 것이다. 이는 마치 블룬칠리의 저서 한 권이 영국인의 마음을 되찾고 나라의 개혁을 이룬 것처럼 그의 『초등교서』 역시 대한민의 마음속에 있는 우리 정신을 불러일으켜 우리나라를 다시 일으켜 세울 것을 그는 염원했던 것이다.

해제

오상준의 하늘문명론

1. 동학(천도교)파의 문명개화운동

한국 근대사상의 지형은 흔히 개화, 위정척사, 동학의 세 유형으로 구분하지만, 이러한 구분은 한국 근대 사상 지형을 모두 담아내지 못한다. 이는 19세기 후반에는 적용될지 몰라도 1900년대 사상 지형에는 맞지 않는다. 흔히 개화파 하면 갑신정변을 일으킨 급진개화파나 동도서기를 주장하는 온건개화파를 떠올리지만, 당시 개벽을 개화로 보았던 동학파(천도교)의 문명개화는 주목 받지 못했다. 1900년대 개화 운동의 중심은 오히려 동학파(천도교)였고, 그들은 서구문명의 추종인 서구문명화가 아니라 동학을 근간으로 하는 하늘문명의 개화운동을 펼쳐 나갔다. 개화기 동학의 문명운동을 한국 근대사 인식에서 배제하는 것은 역사의 공백을 자아내고, 역사의 혈맥을 막는 일이다. 즉 이 시기의 신국가수립운동이 3.1운동과 대한민국임시정부 수립의 사상적 기초가 되었음을 간과하는 태도이다.

모든 사상은 시공을 떠나서 형성되지 않는다. 당시 시대적 과제는 의식 개혁과 국가 혁신이었다. 당시의 개벽은 곧 개화로서, '하늘' 정신의 개벽으로부터 수반되는 국가 혁신을 뜻했고, 이로부터 도덕과 지혜, 사상을 확충하며 가족, 사회, 국가를 진보시키는 세계 진보로 인식되었다. 당시 동학파(천도교)는 세계의 진보를 뜻하는 문명개화를 '인문개벽'이라 지칭했다. 새로운 문명은 하늘정신의 인문개벽이었고, 개화 역시 하늘문명의 진보를 뜻했다. 개벽은 각 시대마다 그 시대의 외피를 입고 역사적 과제와 시대정신을 드러내며 용시용활(用時用活)하는 것이지 고정된 실체가 아니다. 새 하늘(新天), 새 땅(新地), 새 나라(新國)를 이루는 하늘정신의 문명운동은 이 순간도 새 사람(新人)이 이루어 나가는 중이다.

1900년대 동학파(천도교)가 펼쳐나갔던 문명론은 의암 손병희를 필두로, 묵암 이종일, 지강 양한묵, 위창 오세창, 추암 오상준 등에 의해 전개되었다. 손병희는 「명리전(明理傳, 1903)」에서 공화를 말했고, 「삼전론(三戰論, 1903)」을 저술해서 이를 대한제국 정부대신들에게 보내 정부 혁신을 촉구했다. 또한 「준비시대(準備時代, 1906)」를 천도교 기관지 『만세보(萬歲報)』에 연재해 의회 설립과 자치를 준비하자 했다. 이종일은 『제국신문』 사장으로서 각종 사설을 통해 문명론을 전개해 나갔다. 양한묵은 이준, 윤효정과 함께 '헌정연구회(憲政硏究會, 1905)'를 조직하였고, 당대의 대표적인 국민계몽서라 할 수 있는 『국민수지(國民須知)』를 펴내 애국자강운동을 펼쳐나갔다. 또한 오세창은 만세보사 사장으로서 언론 활동을 통해 국민의식계발의 지도자로 나섰고, 오상준은 『초등교서』(1907)을 저술하여 국가문명 개창(開創) 운동을 전개해 나갔다. 특히 애국자강단체인 헌정연구회, 대한자강회 및 대한협회 모두가 천도교가 함께 주도하거나 천도교 조직이 동원된 것이었다.

당시 동학파의 문명개화란 자기 것을 토대로 새로운 문명을 취해 하늘문명의 지평을 넓혀 가는 것이었다. 오상준을 비롯해 당시 천도교가 문명개화를 주장했다고 해서 그것이 서구문명화나 물질문명화를 지향한 것은 결코 아니다. 천도교의 개화는 우리 정신인 "하늘정신"에 바탕하고, 동학 초기부터 강조되었던 '천인일치(天人一致)'의 '동귀일체(同歸一體)'에 기초하여 도덕적 정신문명과 공화의 국가문명을 형성해 가고자 한 인문개벽의 문명개화였다.

Ⅱ. 자심(自心)의 '하늘'문명론

오상준은 하늘정신의 문명이 곧 자심(自心)문명이라 하였다.[1] 문명의 최정점은 사람 마음의 최정상인 자심문명(自心文明), 즉 하늘문명에 불과하고, 문명을 얻을 자는 먼저 '하늘(天)'에 뜻을 세워야 한다고 그는 말했다. 사람은 '하늘 마음'으로부터 말미암지 않으면 자유를 얻을 수도 없고, 문명도 이룰 수 없다. 세계는 사람마음(人心)의 명령 하에 진퇴하는 것이므로 사람 마음이 문명하면 세계가 문명하고, 사람 마음이 야매(野昧)하면 세계 역시 야매하다. 세계 문명은 곧 자심문명이고 자심문명은 하늘(天)문명이다. 문명개화는 국민의 자심(自心)을 선도하지 않으면 안 된다. 자심을 선도함은 곧 하늘(天)을 모시는 것

1 오상준, 『초등교서』, 보문관, 1907, 105쪽. 이하 본문 괄호 안에 쪽 표시.

이고, 이는 자심자선(自心自善)으로서 마음의 야매를 제거함이요, 하늘문명을 이룬다는 것은 곧 마음이 문명하는 것일 뿐이다.

> 세계는 사람 마음의 명령 하에 진보하고 퇴보하는 것이다. 사람 마음이 문명하면 세계가 문명이요, 사람 마음이 야매(野昧)하면 세계가 야매한 것이니 세계문명에 주의하는 자가 어찌 자기 마음의 야매를 고수하겠는가. 이 야매를 제거함이 자심문명(自心文明)에 불과하다.(105쪽)

나라의 목적이 다른 나라의 재화와 영토를 빼앗는 것이 아니라 인간을 인간되게 함이고 세계의 공생과 평화 구현이라면 국가란 국민의 지혜와 도덕성을 발휘시키는 국가여야 한다. 자심문명을 이끄는 것이 종교이며, 종교는 보국안민의 정신을 가져야 하고 자기 나라 고유 정신이어야 "그 종교[敎]로 나라[國]를 능히 흥하게 할 수 있다." 그러므로 각 개인은 자기 나라 정신으로 자기 나라에 책임을 져야 한다. 오상준이 말하는 문명의 진보는 우리 종교의 자궁 안에서 포태되어 나오는 마음 문명이자 사회변혁이다.

자심의 세계 문명은 크게 종교문명과 정치문명으로 나누는데, 종교문명은 하늘(天)을 범위로 하고, 정치문명은 국가를 범위로 한다. 종교문명이란 '하늘(天)의 대정신'을 구현하는 것이고, 정치문명은 종교문명을 토대로 국가의 자주독립을 이루고 천인공화의 국가를 만들어 가는 것이다. 그러므로 하늘문명이란 '하늘(天)'의 정신이 확산되고 도덕이 서며 공화의 정치가 구현되는 것을 지칭한다.

오상준의 문명론은 의암 손병희의 문명론을 계승하면서도 다소 독창적인 내용을 담고 있다. 동학혁명 이후 의암은 '우리 동학운동의 가장 큰 길은 민중국가의 건설을 구현하고 동양평화를 달성하는 것'[2]이라 하여 동학운동 목적이 민중국가 건설임을 밝힌 바 있다. 그의 민중국가 구상은 동학의 하늘정신에 기초하여 '성품(性)과 몸', '종교와 정치'를 함께 아우르는 성신쌍전(性身雙全), 교정일치(敎政一致)의 문명에 기반한 것이었다. 성신쌍전과 교정일치는 후천개벽, 보국안민, 포덕천하, 광제창생의 정신을 추출하여 말한 것인데, 성신쌍전에서 성(性)은 성령과 지혜를 말하는 교정의 교(敎)에 해당한다. 또한 신(身)은 몸을 보호하는 의식주 문제를 포함하는 것으로서 정(政)에 해당한다.

의암이 뜻하는 문명화는 교정이 쌍전(雙全)을 이루는 도덕문명의 성대를 목표로 한 것이었다. 문명의 성대를 이루고 세상을 새롭게 하는 하늘의 문명이란 성신쌍전의 교정일치를 통해 이루는 정신문화와 정치적 제도의 완성이다. 그리고 새로운 국가(정치)는 하늘을 모시고 하늘과 합한 사람들, 즉 체천행도를 하는 천인(天人)이 주체가 된다. 하늘사람 주체에 의해 도덕문명을 이루어 가는 국가사상을 의암은 교정쌍전으로 개념화했고, 오상준은 이를 종교문명과 국가문명을 아우르

2 정혜정, 「동학 · 천도교의 개화운동과 '하날(天)' 문명론」, 『한국학연구』 66, 고려대학교 한국학연구소, 2018, 260-261쪽.

는 자심의 하늘문명으로 지칭했다. 여기서 양자의 특징이 드러난다.

1. '하늘'의 종교문명

(1) 종교와 '교(敎)'의 개념

오늘날 종교 혹은 교육이라는 말은 익숙하게 사용하지만 '교(敎)'라는 글자 하나만으로는 거의 사용하지 않는다. 그러나 근대 시기에 교(敎)는 종교나 교육과 더불어 익숙하게 쓴 용어로서 종교와 교육을 포괄하는 넓은 의미로 사용되었다. 이는 전통사회에서 사용되던 교(敎)의 의미를 계승하면서도 국가문명의 정치이상을 구현하기 위한 수단적 의미가 강했고, 그 실현을 위해서는 자신에게 품부된 우주 근원과 합일하는 각성을 강조한 것이다. 종교나 교육 개념은 국가 관념과 애국 사상 및 문명화를 전개하는 가운데 즐겨 사용되었다. 그러나 당시 인민은 있어도 국민이 형성되지 못한 시기였기에, 종교란 전국의 인민을 가르치고 그 도를 돈독하게 믿게 하여 그 뜻을 하나로 모아 국가단체를 형성하고자 하는 것이었다.[3] 국교는 나라의 정신을 대표하는 것이고, 종교는 나라가 으뜸으로 삼는 정신을 지칭했다.

반면 현대 사회에서 종교라는 용어는 기독교 역사를 배경으로 형

3 김성희, 「교육종지 속설」, 『대한자강회월보』 13, 부산대학교 점필재연구소 고전번역학센터, 『대한자강회월보편역집』 1, 소명출판, 2012, 90쪽.

성된 서구 근대의 산물이고, 제국주의라는 이데올로기적인 목적이 의도적으로 스며들어 있어 제3세계에도 적용될 수 있는 보편적 개념이 아니다. 특히 현대에서 종교란 이론화되고 규범적이며 권위주의적인 측면이 강하여 종교의 해체가 주장되고, 서구적 종교의 이미지로 비서구적 타자를 재창출하려는 이데올로기적 프레임에 불과한 것으로 비판되기도 한다. 장석만은 이러한 '종교 전통'과 '교(敎) 전통'을 구분하면서 이전의 교(敎) 전통이 종교 전통과 얼마나 다른지에 관해 사람들이 별로 관심을 기울이지 않는 것을 지적한 바 있다. 그리고 그는 종교 전통의 개념 틀은 교(敎)의 개념 틀과 같은 포괄성을 가지고 있지 않다는 것, 그리고 서구 전통에서 "국가 주도의 계몽적인 교육이 보통사람들을 대상으로 이루어지며, 신자들의 교육은 국가기관이 아닌 종교기관이 맡아 진행하는 반면 교의 전통에서 교육은 이런 구분이 없다"[4]는 것을 차이점으로 제시한 바 있다. 그러나 결국 그는 우리 교(敎)의 전통이 서구 근대의 물질문명과 밀접하게 결합되어 있다[5]하여 서구 개념에 종속된 종교의 의미를 주목할 뿐 우리가 주체적으로 새롭게 규정한 종교개념은 간과하였다.

애국자강운동 시기에 사람마다 민중국가 수립을 지향하면서 종교

---

4 장석만, 「종교문화 개념의 등장과 그 배경: 소전 정진홍의 종교문화 개념의 의미」, 『종교문화비평』 22, 2012, 24-28쪽.

5 장석만, 「개항기 한국사회의 "종교"개념 형성에 관한 연구」, 서울대 박사학위논문」, 1992, i쪽.

를 주목하고, 주체적으로 교(敎) 개념을 써 나간 것은 서구 제국주의가 종교를 앞세워 침략을 감행한 것과 무관하지 않다. 당시 애국운동이 국교 확립에 눈을 돌린 것도 서구 열강의 종교적 침략이 전례 없이 강화되던 사정과 관련되고, 종교를 앞세운 서구 제국주의에 따라 자연히 우리도 우리 교(敎)에 관심을 갖게 된 것이다. 「대한독립선언서」와 「대한민국임시헌장」을 기초한 조소앙 역시 "종교란 특별한 정치수단"[6]으로서 종교가 국가에 미치는 영향과 정치에 이용됨이 매우 크다고 말했다. 그는 교(敎)를 구체적으로 ① 실행주의, ② 임성자적(任性自適), ③ 종교적 이상, ④ 정치상 의미 등 네 가지를 규정했는데, 이는 조소앙뿐만 아니라 당시 사람들에게 일반적인 교(敎) 개념이었다고 할 수 있다. 실행주의란 인간이 일상에서 실천해야 할 도덕적 행위이다. 임성자적이란 인간이 천(天)을 품부 받았으나 천(天)을 유지유각(有知有覺)함으로써 얻는 자유를 말한다. 학문이 있은 후에 천(天)을 알고, 천(天)을 경험한 이후에 깨달음으로써 자유하는 것이기에 사람마다 자유를 원한다면 먼저 천(天)을 알고 깨달아야 한다는 것이다. 조소앙이 말하는 교(敎)란 인간의 신인화(神人化), 애국 관념의 정치화, 문명의 신성화(神聖化)라 할 수 있다. 결국 교(敎)란 도덕과 본성의 자각, 그리고 국교를 통해 공유되는 이상과 정치적 주권 회복을 의미

---

6 「信敎論」, 『대한유학생회학보』 1, 1907.3.; 한국정신문화연구원편, 『한국독립운동사자료집-조소앙편(1)』, 한국정신문화연구원, 1995, 517-519쪽.

한다. 이는 주권을 상실한 시대의 반영이자 정치적 의미를 띠는 개념으로서 국가의 이상을 담지하는 것이다.

당시 종교는 그야말로 '자국의 정신을 교육하는 것'으로 정의되었다. 박은식은 국권 회복과 나라의 부강 발전을 위해서는 문화적 향상을 이룩하여야 하는바, 이를 위해서는 각종 학교를 통하여 교육하는 경제지술(經濟之術, 나라를 다스리고 백성을 구제하는 방법)과 종교를 통하여 교육하는 도덕지학을 함께 발전시켜야 한다고 하였다. 즉 도덕지학으로서의 종교는 국가적 사상, 즉 민족혼을 배양하는 유력한 수단이라고 인식했다. 그러므로 그는 인민들 속에 민족정신을 고취하기 위해서는 국교를 확정하고 그에 의거해서 도덕교육을 널리 실행해야 한다고 하였다. "나라에 종교가 없으면 어떻게 나라가 될 수 있단 말인가. 여러 부문의 학교도 마땅히 확장되어야 하겠지만 종교를 유지하는 일이야말로 더욱 늦출 수 없는 일"[7]이라는 것이다. 북한에서의 연구도 개화기 당시 종교가 중시된 맥락을 이와 같이 간파하였다. 즉 종교의 확립은 국권 회복을 위한 정신적 자강 실현의 유력한 수단이자 나라의 독립을 유지하기 위한 것으로서, 2천만 동포의 확고한 민족정신으로 국가사상의 확립을 도모했던 것이라 하였다.[8]

---

7 박은식, 『학규신론』, 박문사, 1904, 26쪽.

8 황공률, 『조선근대애국문화운동사』, 평양; 사회과학출판사, 2012, 202-206쪽; 정혜정, 「3.1운동과 국가문명의 '교(敎)': 천도교(동학)를 중심으로」, 『한국교육사학』 40-4, 한국교육사학회, 2018, 248-251쪽, 참고.

종교란 나라의 으뜸 되는 가르침으로서 각 나라가 어떠한 것을 종교와 국교로 삼느냐에 따라 인민의 안위와 국가 존립 여부도 결정된다. 종교는 한 나라를 떠받치는 정신적 힘을 대표하기에 '종교는 국민의 어머니', '정치의 어머니'[9]로 일컬어졌다. 거듭 말해서 '종교란 전국의 인민을 가르치고, 그 도를 돈독하게 믿게 하여, 그 뜻을 하나로 모아 국가단체가 되고자 하는 것'[10]이다. 각 나라마다 국교를 통해 전 인민을 단결시켜 힘을 모으고 정치적 이상을 펼쳐가는 것이 종교인 것이다.

국교의 필수조건은 민족혼, 국혼이 담겨 있고, 애국사상을 배양할 수 있어야 한다. 민족정신이 없고 애국사상이 없이 맹목적이고 무조건적인 종교신앙은 종교의 노예가 될 뿐이고, 국가의 관념이 없으면 종교의 신도가 될 뿐이며, 국민의 정신이 없는 것은 결코 20세기 신국민의 종교가 아니다.[11] 윤효정도 종교의 감화력과 힘이 가능하려면 그 나라의 고유한 종교를 받들지 않으면 안 된다 하였다.[12] 오상준 역시 이러한 입장에서 우리나라가 4천년 동안 다른 나라의 교(敎)를 숭상하고, 우리의 정신을 저들의 종교로 풍화(風化)해 온 것이 곧 우리 역사라 하여 이를 비판했다.

9 「종교와 정치의 관계」, 『황성신문』, 1909.11.20.

10 김성희, 「교육종지 속설」, 『대한자강회월보』 13, 1907, 17쪽.

11 신채호, 「20세기 신국민」, 『대한매일신보』, 1910.3.3.

12 윤효정, 「국민의 정치사상」, 『대한자강회월보』 6, 1907, 30쪽.

요컨대 개화기 종교 개념은 국가 사상을 전개하는 맥락에서 생겨났다. 의암 손병희는 일찍이 "나라마다 주된 종교(主教)인 국교(國教)가 있어 개명문화를 주된 일로 삼는다." 하여 국가와 종교의 개념을 유기적 관련성 속에서 정의했다. 이는 동학(천도교)뿐만 아니라 당시 지식인들의 일반적인 인식으로서 신채호 역시 국민과 종교는 서로 뗄 수 없는 것이라 했다. 즉 '종교란 국민에게 좋은 감화를 주는 일대 기관'으로서, '국민의 정신과 기개, 정의와 도덕이 이로부터 나온다.'[13] 오상준 역시 종교란 '세계풍화의 근원이자 인민정신의 골자요 국가정치의 기관'(15-16쪽)이라 했다. 종교란 "우리 정신을 교육하는 것"으로서 나라를 보존하고 발전시키는 정신적 힘이자 나라의 흥망을 좌우하는 것이다.

(2) 천인(天人)의 종교문명

오상준은 『초등교서』에서 "하늘이 사람에 대하여 간섭하지 않는 것이 어디에 있을 것인가." 하였고, "사람이 하늘로써 자기 삶의 준적을 삼으면 자신이 곧 성인(聖人)이 되는 것"이라 하였다. 여기서 성인이란 유가(儒家)가 중국의 요순을 인간 모델로 삼았던 공자의 성인이 아니라 한국 고대 전통에서 시대를 거듭하며 추구해 왔던 '하늘사람(天人)'을 지칭한다. '하늘사람(天人)'으로서 천인 일치는 전통적인 한

13 신채호, 앞의 글.

국인의 인간상이자 삶의 준적이 되어 왔다고 할 수 있다.

오상준은 동학의 하늘 정신을 좀 더 세분하여 설명하기를 하늘에는 나 개인의 하늘과 나 개인의 하늘을 간섭하는 근원적이고 전체적인 하늘이 있다고 말한다. 나 개인이 전체 하늘과 합하여 한 터럭의 틈도 없을 때 나는 곧 하늘이 되고 하늘이 곧 내가 되며 내가 하는 일이 하늘을 행함이 된다. 또한 내 하늘로 전체 하늘의 참된 이치와 형식을 세상에 발현하는 것이 하늘정신이다. 이를 오상준은 '하늘사람' 즉 '천인(天人)'이라 했고 '천격(天格)'이라 명명했으며, 천격은 곧 공격(公格)의 실현이자 공화(共和)정치의 주체가 된다.

> 사람의 근원은 하늘(天)에 있고 세상의 근원은 사람(人)에게 있으며 하늘(天)의 근원은 나에게 있다.(22쪽)

사람의 근원이 하늘에 있다는 것은 하늘과 합해야 사람이라는 말이다. 세상 역시 사람과 합해야 세상이며 하늘 역시 나와 합해야 하늘이다. 하늘과 사람, 그리고 세상은 분리될 수 없다. 하늘과 사람과 세상이 합하지 못하면 하늘도 사람도 세상도 없다. 오상준은 사람이 하늘과 합한다는 것을 "눈으로 볼 때 하늘마음의 시선으로 보고, 귀로 들을 때 하늘마음의 가슴으로 듣고, 입으로 말을 할 때 하늘마음의 소리로 말하는 것"(21쪽)이라 하였다.

또한 사람이 하늘과 합하기 위해서는 '우리 교'라는 수행터가 필요한데, 동학(천도교)은 사람들과 더불어 천인(天人)을 이루는 수행터라 했다. 수행이란 사람이 곧 하늘이라는 자각과 더불어 자신이 세계 전체와 하나라는 깨달음으로 동귀일체(同歸一體) 세상을 만들어 나가는 실천을 말한다. 이를 동학(천도교)에서는 수심정기(守心正氣)의 성경신법(誠敬信法)이라 명명한다. 수행에서 가장 경계해야 할 것은 수운이 말했던 '각자위심(各者爲心)'이다. 각자위심은 세계를 각자가 저마다 쪼개어 소세계(小世界)를 짓는 것을 말한다. 소세계란 각자가 분립하여 서로 다투고 죽이는 일밖에 없는 세계이다. 그러나 각자위심이 아닌 '하늘마음(天心)'의 대정신은 세계를 한 사람(一人)으로 보고, 세계를 한울, 한 덩어리(一團), 한몸으로 보는 것이다.

> 세계는 본래 하늘마음(天心) 가운데서 나온 것으로, 세계의 성질 역시 순량하고 세계의 본체 역시 한 덩어리이다.(24쪽)

오상준이 말했던 하늘마음(천심)의 한울(一團)을 이돈화는 대아(大我)로 지칭하였다. 대아란 개인이 한울을 생각하는 것인데, 개인이 가정에 있을 때는 가정이 한울이 되고, 이를 민족으로 옮겨 놓을 때는 민족 전체가 한울이 되며, 인류 전체로 옮겨 놓을 때는 인류 전체가 한울이 된다. 그리고 최종으로 우주 전체를 대할 때에는 우주 전체가 한울이 된다. 이돈화는 대아를 '대우주 정신'이라 지칭하면서 하늘과 사람을 나무와 잎의 관계로 비유하였다. 즉 잎 하나의 생명은 자기 생명이 아니라 나무 전체의 생명이 잎을 통과하는 것이다. 만약 잎 하나가 자기 한 잎만으로 자기를 본다면 이는 소아(小我)이고 생존이 불가능하다. 그러나 잎 하나의 생명은 나무 전체의 생명이므로 자기 한 개라는 것을 잊어버리고 나무 전체의 생명으로 자신을 생각할 때에 '큰 나(大我)'가 된다. 이와 마찬가지로 사람의 생명 역시 나뭇잎 하나의 생명과 같아서 그 생명은 나의 생명이 아니요 우주 전체의 생명이 나에게 와 있는 점에서 우주 전체 생명은 곧 나가 된다. 이것이 전 우주를 통하고 간섭하지 않음이 없는 영성의 정신이고 대아이다.[14]

오상준은 이와 같은 맥락에서 우리나라를 이끌 대정신을 회복하여 우리 대한(大韓)의 낡은 정신을 새 정신으로 바꾸는 신사상(109-111쪽)을 제기하였는데, 그것이 천인(天人)의 하늘정신이다. 이 하늘정신은 우리나라 사람의 정신으로 우리나라의 강토에서 성립된 것이다. 우리 개개인 모두에게 있는 '하늘정신'으로 남의 침략을 받지 않을 정신을 굳게 세우고, 하늘정신으로 항상 하늘의 작용을 나타내면 이것이 곧 개인문명이요 사회가 문명이며 국가가 문명하는 것이다. 국망의 위기를 타개하고 역사 발전을 이루는 힘은 우리 고유의 정신으로부터 나오고 우리 고유의 정신이란 곧 우리 종교로서 하늘정신을 의미한다. 하늘정신에 기초한 천인(天人)의 문명이란 하늘과 합하여 하늘을 행하는 것에서 세상을 이루어 가는 하늘사람, 하늘마음의 문명이다.

14 이돈화, 『새말』, 경성: 천도교중앙종리원신도관, 1934, 92-93쪽.

2. 삼단(三團)의 자연권과 국가문명

오상준은 하늘 정신의 문명론을 삼단의 사상으로 구체화하였다. 우리 각자의 자연권 안에는 '우리 사람'과 '하늘 정신'이 있고, '우리나라'가 있다. "하늘 정신은 천단(天團)이요, 우리나라는 지단(地團)이요, 우리 자신은 인단(人團)이다. 이 삼단(三團) 가운데 하나라도 없으면 우리의 삶도 없다." 또한 우리 자신과 우리나라의 관계는 골육이 서로 붙어 있는 것과 같다.

> 우리나라의 정신이 곧 우리의 정신이다. 우리의 지각과 학문이 유치할 때에는 우리나라 또한 유치하며 우리나라의 정도와 위치가 건장할 때에는 우리 또한 건장하다. … 우리와 우리나라가 붙어 있음이 우리 몸의 뼈와 살이 붙어 있음과 같아 살아도 분리할 수 없고, 죽어서도 분리될 수 없는 관계가 있다. … 우리 자신의 사상에서 자신과 자국이 진보하기도 하고 퇴보하기도 한다.(59쪽)

오상준은 국가유기체를 동학의 천인사상에 바탕하여 나와 하늘정신, 그리고 우리나라를 부여받은 삼단으로 말했다. "하늘의 정신과 국가적 성질이 사람 성품 가운데 심어진 까닭에 각 개인은 이 하늘의 정신과 국가적 성질을 결합하여 국가의 한 유기체를 집성하는 것"(59쪽)이다. 그는 하늘의 정신과 국가적 요소가 인간의 천성이자 개인과 하나 된 유기체임을 선언했다. 그리고 그는 사람의 자연권(천권)과 국가독립을 삼단(三團)의 사상으로 구체화하여 공화의 교육을 전개하였다.

다시 말해 하늘이 부여한 우리 정신과 나라의 성질이 사람의 성품에 심어졌다고 말하는 것은 국권 회복이 자기 성품의 회복과 직결되고, 동시에 자유권의 회복이 곧 국권회복에 있음을 강조한 것이다. 그러므로 교육에서 천성의 자유권 회복과 애국심은 당연한 권리이자 의무로 요청된다. 삼단의 교육과 실현은 공화국가의 전제가 된다. 이는 한국인으로 하여금 자유와 자주독립을 위해 모두가 떨쳐 일어날 것을 촉구하는 애국의 당위성을 설정하는 것이고, 국가와 개인을 유기체적으로 연결시킴은 서로가 운명을 같이 한다는 인식을 낳게 한다.(60-61쪽) 그러므로 자유권은 태생적으로 부여받을 뿐만 아니라 스스로 한하늘의 정신과 우리나라를 자기 안에서 일체화하는 천연성의 성품을 자각한 천인(天人)의 천격(天格)에서 주어지고, 국민의 전체합의를 이끌어내는 공화정치도 이로부터 비롯된다.(84쪽)

삼단은 또한 공단(公團)이다. 여기서 공단은 오늘날 공적 단체, 혹은 국가공동체로 번역될 수 있다. 개인으로 말미암아 공단의 이익과 명예, 위치와 가치가 결정되고, 동시에 공단으로 말미암아 개인의 이익과 명예, 그리고 위치와 가치가 있게 된다. 오상준은 당시 '우리가 다른 민족의 모멸과 업신여김을 받는 것은 공단심(公團心)이 확고하지 못하고, 공단력(公團力)이 강하지 못한 탓'이라 하여 삼단의 신사상을 촉구했다. 오상준이 삼단의 공단심으로 신사상을 말하는 것은 국가존망의 위기 속에서 나라를 걱정하고 염려하는 우국자의 혈심(血心)에서이다. 천인의 천권회복으로 일치단결하여 공단심과 공단력으로 국권을 회복하고, 보국안민의 방도를 찾자는 것이 삼단사상이다.

하늘은 나의 종교요 국가는 나의 몸이자 땅이다. 국가는 육체적 물적 토대와 같아서 정신의 성장과 분리될 수 없다. 하늘의 정신과 하늘의 국가적 성질이 사람의 성품에 심어졌다고 말하는 것은 국권 회복이 자기 성품의 회복과 관련이 되어 있다 함이고, 이로부터 나라 독립을 위해 당연히 일어서야 하는 애국의 당위성을 설정하는 것이며, 국가와 개인을 유기체적으로 연결시킴은 서로 운명을 같이 한다는 의미이다. 하늘로부터 부여받은 천연적 성질과 천연적 정신과 국가의 천연적 단체는 곧 천연권이자 자연권이다.

삼단사상에 나타난 국가문명의 요지는 개인 모두가 천인(天人)을 이루어 천격(天格)의 인문으로 천국(天國)의 새 나라를 만들어 나가자는 것이다. 여기서 하늘격, 즉 천격(天格)은 하늘을 체받아 천도를 행하는 천인(天人)에서 이루어진다. 나라의 존망은 우리 마음이 직접 하늘과 교섭하고 힘을 기르느냐 기르지 못하느냐에 달려 있다.(84쪽) 천인(天人) 주체가 문명을 창조해 가는 국가문명은 천인합일의 개인에서 확보되는 천인공화(天人共和)에 있다. 오상준이 말하는 법률 역시 독창적인 개념인데, 본래 서구적 개념으로서 법률은 국가의 강제력을 수반한 사회규범을 지칭한다. 그러나 오상준은 하늘과 합한 인간의 행위에서 비롯되는 선(善)을 도와서 도덕의 범위를 확장하는 것이 우리 정신의 가르침이자 근본 취지이고, 이를 발전시키는 것이 법률이라 하였다. 법률은 선을 확장시키고 악의 발현을 막아 물리치는 것으로서, 이는 크게 강제적 권한이 없는 자연법과 권한이 부여된 인정법으로 나눈다. 자연법은 강제가 없는 것이기에 이를 성문화하여 인정법을 만든다. 그러므로 인정법은 사람이 자연법을 인위적으로 성문화하여 제정한 것으로서 자연법의 세력 신장에 지나지 않고, 이 세력으로써 인권이 서고 국력이 생긴다. 요컨대 법률의 정신은 선에 있고, 자연법의 정신을 보존하는 데에 그 존재 목적이 있다. 그러므로 문명한 국가는 하늘과 합하고, 선을 확장하는 법률을 근간으로 한다.

Ⅲ. '천인의 문명론'과 주체적 근대

오상준의 문명론은 1900년대 동학 운동의 계승이었고, 당시 망국의 위기와 서구 근대를 마주하면서 신국가 수립을 도모했던 주체적 문명론이라 할 수 있다. 주체적 문명론은 우리의 정신인 하늘정신으로 사람 각자가 스스로를 개벽하는 자심문명론이고, 우리나라를 공덕과 공의의 공동체로 만들어 국민의 자주권과 독립의 자존을 지키는 국가문명론이다. 그는 하늘정신으로 "우리 겨레의 정신력을 이루어 천만의 입으로 자유가(自由歌)를 부르고, 천만의 손으로 자유기(自由旗)를 잡으며 천만인의 자유혈(自由血)로써 저 자유의 적(賊)을 대하자."(38쪽) 하였다. "저들은 우리 겨레의 자유를 점탈(占奪)한" 적(賊)이고, 우리는 반드시 적으로부터 "우리 겨레의 자유를 우리 동포에게 되돌"려야 할 것이었다. 우리가 우리 동포에게 자유를 되돌릴 때에야 비로소 "나의 하늘이 자유의 하늘(自由天)이요, 나의 땅이 자유의 땅(自由地)"이 되어 "자유의 천지에 자유인(自由人)"(38쪽)으로 살게 되는 것이다. 이는 곧 민중시위운동을 촉구한 것으로 후에 3.1운동을 일으킨 정신적 바탕이 되었다. 오상준이 말한 자유가(自由歌)는 3.1운동 당시 온 겨레의 입으로 대한독립만세를 부르는 자유가가 되었고, 자유기(自由旗)는 온 겨레의 손으로 잡은 태극기였으며 자유혈은 자주독립을 향한 온 겨레의 피로써 자유를 천명하였다. 3.1운동은 이러한 문명의 개벽운동에서 준비된 것이었다.

자유란 억압으로부터의 자유가 아니라 하늘정신으로부터 얻는 자유이고, 자유는 곧 진리의 힘이며 개벽의 힘이자 천권(天權)이다. 오상준이 인권을 천권으로 말하는 것은 인권을 하늘의 자유정신으로부터 해석했기 때문이다. 사람은 하늘을 품부받았으나 하늘을 알고 이를 자각하는 것으로부터 자유는 얻어진다. 천권을 얻고자 하고 자유를 원한다면 하늘을 알고 깨달아야 한다. 분명 오상준이 말하는 자유는 서구의 자유 개념과 다르다. 대한독립선언서를 기초했던 조소앙 역시 천(天)을 경험한 이후에야 자유하는 것이기에 사람들마다 자유를 원한다면 천(天)을 알고 천(天)을 깨달아 합일할 것을 말했다. 요지는 우리 겨레 모두가 이미 천권을 누릴 자격을 갖추었고 하늘의 자각을 통해 천권을 부여받아 우리 모두가 천권을 행하자는 취지이다. 자유란 하늘을 깨달아 천연한 권리를 완수하고 인류와 하나 되어 자유의 문명을 만들어 갈 자유이다.

또한 오상준은 사람의 품격과 자격을 논하면서 지위나 계급에 의한 자격보다 지사(志士)의 자격을 취하자고 주장했다. 천인의 하늘마음으로부터 비롯되는 덕업과 식견, 사상과 판단, 공용(公用)으로 국민의 품격을 이루자는 것이다. 현재 우리 사회는 촛불혁명으로 정권은 교체했어도 스노비즘(snobbism, 속물근성)의 사회 적폐는 방관하고 있다. 사회 적폐는 곧 자기 적폐이다. 오상준은 당시에도 우리가 태평무사한 나라에 태어난 사람들과는 다르다는 것을 한순간도 잊지 말라 했고, 동포에게 자유를 되돌려야 한다는 피의 맹세도 나의 자격에 달려 있음을 강조했다. 만일 나의 자격이 비열하여 타자에 대한 편견과 권력의 야망과 탐욕에 의뢰심과 허영심을 낸다면 나의 가족도 비열하고, 나의 사회도 비열하며, 나의 국가 또한 비열할 것이기 때문이다.(42-43쪽) 흔히 사람들은 의식주로 행복의 척도를 삼지만 품격 있는 사람은 옷이 몸보다 중요하지 않듯이 의식주를 보국안민보다 중요하게 여기지 않는다. 오상준은 의식주란 단지 생명 보존에 필요한 보조품에 불과함을 인식시켜 동포들로 하여금 의식주에 한평생을 허비할 것이 아니라 피의 맹세를 기약해 나가도록 했다.

한편 오상준은 서구문명을 수용하여 위생, 경제, 자유, 평등, 공화, 법률, 국가유기체 등의 개념을 동학의 맥락에서 재 개념화해 나갔다. 이를 주체적 근대라 부를 수 있다. 위생은 당시 유행어였다. 1880년대 개화파는 위생을 문명개화의 척도로 삼았다. 그러나 오상준이 말하는 위생은 신체적 위생뿐만 아니라 성령위생, 종교위생, 국가위생도 포함한다는 것이 다르다. 경제에도 또한 심력(心力)의 노심경제를 포함시켰다는 점이 특징이다. 평등 또한 획일적 평등이 아니라 만물일체로부터 오는 평등을 말했다는 점에서 맥락 또한 다르다. 공화(共和) 역시 국가를 머리로 하는 위계적 합의체가 아니라 동심동덕(同心同德)에서 오는 천인의 공화를 말했다. 천인(天人)의 정신은 곧 국민의 천권(天權)이자 인권(人權)이다. 천인의 회복은 자신의 자유와 우리나라의 지위가 회복되는 단초를 의미했고, 우리 정신인 하늘(天)정신으로써 생성된 우리이기에 2천만 동포가 이로써 단결되는 것은 지극히 자연스런 일이다. 그러므로 국가의 주권은 스스로 책임을 지는 사람에게 있고, 우리 정신인 '하늘정신'으로 합의체를 이루어야 국권을 지킬 수 있다. 우리 각자는 "자기의 하늘 천성으로 자기 나라에 책임을 지고 천인(天人)의 공화를 이루어 인류 문명의 정도(正道)를 향해 앞으로 나아가야 한다."

찾아보기

[ㅇ]

동북아시아 다이멘션 번역총서
동학문명론의 주체적 근대성

등록 1994.7.1 제1-1071
1쇄 발행 2019년 11월 1일

지은이 오상준
역 해 정혜정
펴낸이 박길수
편집인 소경희
편 집 조영준
관 리 위현정
디자인 이주향
펴낸곳 도서출판 모시는사람들
03147 서울시 종로구 삼일대로 457(경운동 88번지) 수운회관 1207호
전 화 02-735-7173, 02-737-7173 / 팩스 02-730-7173
홈페이지 http://www.mosinsaram.com/

인 쇄 천일문화사(031-955-8100)
배 본 문화유통북스(031-937-6100)

값은 뒤표지에 있습니다.
ISBN 979-11-88765-50-8 03100

이 도서의 국립중앙도서관 출판예정도서목록(CIP)은 서지정보유통지원시스템 홈페이지(http://seoji.nl.go.kr)와 국가자료공동목록시스템(http://www.nl.go.kr/kolisnet)에서 이용하실 수 있습니다.(CIP제어번호: CIP2019021828)

* 이 역서는 대한민국 교육부와 한국연구재단의 지원을 받아 수행된 연구임 (NRF-2017S1A6A3A02079082)